IX

SALOMON AZUBI

RABBIN DE CARPENTRAS

LETTRES INÉDITES

ÉCRITES DE CARPENTRAS A PEIRESC (1632-33)

PUBLIÉES

Par Ph. TAMIZEY DE LARROQUE

AVEC NOTICE COMPLÉMENTAIRE

Par Jules DUKAS

PARIS	MARSEILLE
ALPHONSE PICARD	MARIUS LEBON
82, RUE BONAPARTE, 82	43, RUE PARADIS, 43

1885

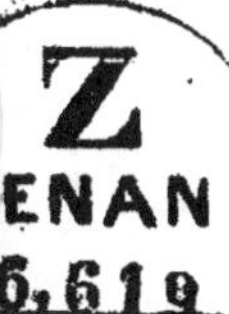

à Monsieur E. Renan
respectueux hommage
au nom des deux collaborateurs
[signature]

SALOMON AZUBI

RABBIN DE CARPENTRAS

LETTRES INÉDITES

ÉCRITES DE CARPENTRAS A PEIRESC (1632-33)

TIRAGE A PART, A CENT EXEMPLAIRES.

DE LA *Revue des Études juives.*

IX

SALOMON AZUBI

RABBIN DE CARPENTRAS

LETTRES INÉDITES

ÉCRITES DE CARPENTRAS A PEIRESC (1632-33)

PUBLIÉES

PAR PH. TAMIZEY DE LARROQUE

AVEC NOTICE COMPLÉMENTAIRE

PAR JULES DUKAS

PARIS
ALPHONSE PICARD
82, RUE BONAPARTE, 82

MARSEILLE
MARIUS LEBON
43, RUE PARADIS, 43

1885

LETTRES INÉDITES

ÉCRITES A PEIRESC PAR SALOMON AZUBI

RABBIN DE CARPENTRAS

(1632-1633)

NOTICE

Le docteur Barjavel, dans l'article sur Salomon Azubi de son *Dictionnaire historique, biographique et bibliographique du département de Vaucluse*[1], se contente de nous apprendre que ce « savant rabbin de Carpentras fut mandé à Aix, en 1633, par le célèbre Peiresc qui s'occupait beaucoup d'astronomie ». Il cite, à l'appui de son assertion, ce passage de la vie de Peiresc par Gassendi : « *Accersivit quoque eodem tempore Salomonem Azubium Carpentoractensem Rabbinum, nihilo sane doctrinae specie antiquis illis inferiorem*[2] ». Analysant ensuite le récit de Gassendi, il ajoute : « Cet israélite lui porta des tables astronomiques composées en hébreu depuis 300 ans par Rabbi Emmanuel, de Tarascon[3], et accommodées à la longitude et à la latitude de cette ville.

[1] Carpentras, imprimerie de L. Devillario, 2 vol. grand in-8°, 1841, t. I, p. 128. Dans tous nos recueils biographiques généraux, même les plus considérables, on chercherait vainement la moindre notice sur Azubi.

[2] *Viri illustris Nicolai Claudii Fabricii de Peiresc, senatoris Aquisextiensis, vita*, etc. *Liber quintus*, édition de La Haye, 1655, in-4°, p. 166. Le traducteur-abréviateur de l'ouvrage de Gassendi, Requier, a ainsi rendu ce passage (*Vie de Nicolas-Claude Peiresc, conseiller au parlement de Provence*, Paris, 1770, in-12, p. 280-281) : « L'autre savant que Peiresc voulut avoir auprès de sa personne [il vient d'être question du P. Athanase Kircher] était Salomon Azubius, rabin de Tarascon (*sic*. Le malheureux Requier a pris le nom latin de Carpentras pour le nom latin de Tarascon !), qui ne le cédoit en rien pour le sçavoir aux anciens rabins ».

[3] Tarascon fut, au moyen âge, un nid de célèbres rabbins. Voir, dans le t. XXVII de l'*Histoire littéraire de la France* (1877), le remarquable mémoire de M. Ernest

Peiresc le pria de lui en faire une copie et de lui en donner une explication, pour l'envoyer à Guillaume Schickard, professeur distingué d'hébreu et d'astronomie à Tubinge [1] ». Le docteur Barjavel cite, en outre, un passage de la *Vie de Pierre Gassendi* par Bougerel, passage sur lequel je reviendrai tout à l'heure, et qui est relatif au travail de transcription du « très habile rabbin de Carpentras », comme l'appelle le savant oratorien. En somme, l'auteur du *Dictionnaire historique du département de Vaucluse* ne nous a fait connaître qu'un tout petit épisode de la vie de Salomon Azubi.

Les lettres qui nous restent — en trop petit nombre — du rabbin de Carpentras nous donnent quelques renseignements de plus sur sa mystérieuse existence. Nous y voyons qu'avant la fin de 1632, il reçut dans la maison de Peiresc, à Aix, la plus gracieuse hospitalité, et qu'il paya son écot de la façon qui devait être la plus agréable à l'éminent antiquaire, en lui envoyant un travail sur les monnaies dont les Juifs se servaient autrefois, ainsi que divers renseignements bibliographiques. Deux autres lettres d'Azubi, datées du 3 janvier et du 9 mars 1633, nous le montrent toujours attentif à bien informer son docte correspondant, soit qu'il s'agisse de livres en langue hébraïque, ou de médailles anciennes. Le 2 septembre de la même année, il transmet à l'illustre curieux le récit des désastreux effets d'un coup de foudre aux environs de la capitale du Comtat-Venaissin, et il rend hommage d'une façon naïve et touchante à la bonté de son protecteur. Une lettre postérieure, déjà insérée dans un recueil périodique de province, et que j'ai cru devoir reproduire en appendice, prouve que, deux ans plus tard, son ardeur à satisfaire les nobles goûts de Peiresc ne s'était nullement refroidie, et qu'il mettait autant de zèle à entreprendre pour ce grand homme des excursions archéologiques, qu'à les lui raconter. Cette même lettre nous apprend que, le 5 juin 1635, Salomon Azubi était à la veille de quitter définitivement Carpentras, avec sa famille : il y prie son correspondant de lui faire obtenir un sauf-conduit qui lui permette de traverser la Provence sans inconvénient pour le voyageur et pour ceux qui l'accompagnent, parmi lesquels il mentionne sa fille déjà grande [2].

Renan sur *Les rabbins français au commencement du* xive *siècle* (p. 516). Voir, dans le même mémoire, diverses mentions des rabbins de Carpentras de la même époque (pages 441, 518, 688, 690, 715, 723). Rappelons, à ce propos, que la livraison d'octobre à décembre 1880 de la *Revue des Études juives* renferme un curieux et savant *Mémoire sur l'antiquité et l'organisation des Juiveries du Comtat-Venaissin.*

[1] Voir sur le professeur de Tubingue une note du fascicule VI des *Correspondants de Peiresc. — Balthazar de Vias*, Marseille, 1883, p. 36.

[2] Par une déplorable fatalité, on ne possède, dans les divers recueils de la corres-

Pour compléter ce rapide résumé des relations du rabbin avec l'abbé de Guîtres, relations qui font également honneur à l'un et à l'autre, car on y trouve, d'un côté, autant de respect et de dévouement, que, d'autre part, de tolérance [1] et de cordialité, j'emprunterai quelques indications aux lettres encore inédites de Peiresc à Gassendi. Le 7 décembre 1632, le magistrat d'Aix écrit au chanoine de Digne : « Si vous persistez en vostre resolution de venir après les Roys, je vous prie de nous en advertir à l'advance, à ceste fin que nous puissions en donner advis au sieur Salomon Azubi qui se rendra icy en mesme temps pour avoir le bien de vous gouverner... [2] ». — Le 24 juillet de l'année suivante, le rabbin étant, pour la seconde fois, venu passer quelques jours chez Peiresc, ce dernier insiste sur le désir qu'éprouvait son visiteur de faire la connaissance de Gassendi : « Ce pauvre bonhomme a tant d'envie de vous voir, que je suis aprez à le faire resouldre d'aller en vos quartiers, et luy bailleray un de nos chevaux, affin qu'il aille demeurer deux ou trois jours avec vous ». Le voyage d'Aix à Digne, qui était alors long et pénible, ne se fit pas, car, le 31 juillet, Peiresc s'adresse en ces termes à son ami : « Le bon R [abbi] Salomon Azubi s'est retiré chez luy, sans avoir eu le courage de vous aller voir ». Le 20 décembre 1633, Peiresc annonce au savant astronome l'envoi du travail d'Azubi : « J'ay enfin receu la traduction en chiffre commun des tables du Rabby Manuel, fils de Jacob, escrittes à Tarascon depuis tant d'années [3], et suis resolu de les vous envoyer pour voir si vous y trouverez rien qui peust estre de vostre goust. C'est une traduction à demy françoise et à demy provençale selon que l'on la peut tirer du bon homme R. Salomon Azubi de Carpentras, mais vous ne laisrez pas d'en tirer pied ou aisle. » Gassendi ne crut pas qu'il fût possible de tirer, selon la pittoresque formule de Peiresc, *pied ou aisle* du travail d'Azubi. Voici comment il juge ce travail dans une lettre de la fin de dé-

pondance de Peiresc, aucune des lettres qu'il dut adresser en assez grand nombre au rabbin de Carpentras.

[1] Cette tolérance est d'autant plus louable que, dans la seconde moitié du XVIIe siècle, et tout près de l'aurore du siècle de Voltaire, l'honnête Chapelain écrivait, sans sourciller, à un de ses correspondants étrangers, Hermann Conringius, premier professeur en histoire et médecine à Helmstædt, au sujet du célèbre publiciste Jean Bodin : « Pour sa religion, il estoit juif caché, car *en France on n'en souffre point de descouvert* » (Lettre du 1er juillet 1673, dans le tome II de la correspondance de cet académicien). Il ne faut pas s'étonner, du reste, de voir le magnanime défenseur de Galilée tendre à un prêtre juif une main sympathique. Son large et généreux esprit avait de beaucoup devancé l'époque où il vécut.

[2] C'est-à-dire : vous faire fête.

[3] Voir sur Rabbi Emmanuel et les tables dont il est question ici *Revue des Études juives*, III, 245.

cembre 1633 citée par Bougerel et, d'après lui, par le docteur Barjavel : « Vous devez vous plaindre à ce rabbin, parce qu'il a altéré la première page de son manuscrit, en rapportant, non au temps du rabbin Emmanuel, les observations, mais au sien : par là il nous prive du moyen de connaître celui d'Emmanuel ; cela peut donner quelque ombrage sur le reste. Dans l'application aux éclipses dernières, il eût dû marquer les quantièmes des mois et quelques autres particularités sur le rapport des temps, sans lesquels la pratique des tables, quoique facile d'ailleurs, peut être trouvée très difficile ». Peiresc, en réponse à ces objections, transmit, le 5 janvier 1634, les explications suivantes à Gassendi : « Pour les tables du R. Manuel, j'avois desja faict les reproches dont vous vous plaignez au bon R. Salomon Azubi, lequel m'advoua qu'en la transcription première qu'il fit faire il avoit faict de bonne foy cette alteration comme font touts nos imprimeurs de breviaires quand ils raffraichissent les Tables qui se mectent en teste pour regler le kalendrier, mais j'ay l'original sur lequel il n'y a point d'alteration, qui monstre d'estre escrit depuis quelques centaines d'années ».

C'est là tout ce que j'ai pu recueillir sur Azubi. J'ajouterai seulement que j'ai souvenance d'avoir lu dans les manuscrits de Peiresc, soit à Aix, soit à Carpentras, que ce rabbin était grec d'origine.

Je cède maintenant la parole à mon ami M. Jules Dukas, qui joint aux profondes connaissances d'un spécialiste, tant d'autres riches connaissances diverses, non sans le remercier cordialement d'avoir si bien répondu à l'appel d'un biographe dans l'embarras. J'offre aussi l'expression de ma vive gratitude au premier des bibliographes sémitistes de l'Europe, M. Moritz Steinschneider, qui a daigné me fournir de précieuses indications, utilisées à merveille par M. Jules Dukas [1].

PHILIPPE TAMIZEY DE LARROQUE.

---

[1] L'auteur des *Recherches sur l'histoire littéraire du* XVe *siècle* ne m'a pas seulement fait cadeau de sa notice complémentaire, mais encore de plusieurs notes que l'on reconnaîtrait facilement à leur qualité, quand même elles ne seraient pas signées de ses initiales.

NOTICE COMPLÉMENTAIRE

Nous nous considérons d'ordinaire comme entièrement édifiés sur un écrivain juif quand nous avons lu ce qui le concerne dans la *Bibliotheca Hebræa* de J.-C. Wolf, cette vaste nécropole. A ce point de vue, la notice de M. Tamizey de Larroque qu'on vient de lire serait complète, puisque Wolf n'a mentionné presque rien d'autre, dans ses deux articles (tome III et tome IV) sur *Schelomo Ezobhi,* comme il l'appelle, que ce qu'il a trouvé dans l'ouvrage modèle de Gassendi, *De Peireskii Vita*[1], que se sont bornés à traduire ou à paraphraser successivement Requier et le Dr Barjavel ; elle serait même, qu'on me passe l'expression, archi-complète, puisque mon savant et infatigable ami nous apporte un contingent notable de faits nouveaux tirés des lettres d'Azubi dont nous lui devons la découverte.

Cependant, en développant sur certains points de ces lettres, soit ici, soit dans les annotations que j'y ajouterai, quelques considérations que je qualifierai de techniques ; en donnant des détails empruntés à des sources qui n'ont été mentionnées que sommairement et très incidemment par Wolf ; en me servant des informations transmises à M. Tamizey de Larroque par M. Steinschneider, qui a pris le plus vif intérêt à notre sujet ; en faisant connaître le résultat de l'examen rapide qu'il m'a été permis de faire des manuscrits des sermons d'Azubi qui sont la propriété de M. le baron de Gunzburg[2], et pour le déchiffrement desquels j'ai

[1] Je ne me sers pas ici du titre proprement dit, mais c'est celui des têtes de chapitres de l'édition citée, et aussi son titre courant.

[2] N°s 387 à 392 du catalogue. — Ces manuscrits, dont il a été parlé déjà dans la *Revue des Études juives* (1, 73) par M. Isidore Loeb, forment six volumes petit in-4° cartonnés, d'inégale grosseur, et à pagination continue. Il y a, dans les derniers tomes particulièrement, des interversions de cahiers qui rendent fort difficile la collation exacte. Nous avons évalué approximativement, avec M. Neubauer, qu'ils contiennent en tout 1580 feuillets à peu près, dont plusieurs sont restés blancs, c'est-à-dire 3,000 pages en chiffre rond. L'écriture cursive demande, avant d'être lue sans trop d'arrêts, un certain temps d'étude préalable, à cause des ligatures et des formes de certaines lettres qui sont quasi personnelles à l'écrivain ; la plus grande attention est nécessaire notamment pour ne pas confondre, dans beaucoup de cas, כ et ב, ט et צ, ש et ע, et ד et ב. Je n'ai vu nulle part, à l'intérieur, l'intitulé *Faisceau d'hysope,* אגודת אזוב, par une de ces doubles allusions si habituelles dans notre littérature à un passage de la Bible (Ex. 12, 22) et au nom de l'auteur ; le titre commun écrit au dos des volumes, très récemment à ce qu'il semble, porte דרושים — אגודת אזוב, et c'est tout. L'ouvrage n'est que la réunion des sermons prononcés par notre rabbin chaque samedi, chaque jour de fête ou dans d'autres occasions extraordinaires, pen-

été aidé par M. Ad. Neubauer, qui m'a indiqué en outre la plupart des passages notables, avec une obligeance dont je ne saurais assez le remercier ; en utilisant enfin les indications que fournit la collection de manuscrits parallèle à celle de M. de Gunzburg que j'ai acquise tout récemment [1], il me restera encore beaucoup à dire.

La principauté de Bulgarie, constituée de nos jours avec un des lambeaux arrachés en 1878 à l'empire Ottoman, a pour capitale Sofia, ville de 20,000 habitants. C'est là qu'est né Salomon

dont un certain nombre d'années, et qu'il recopiait sans doute chaque fois, car les ratures et les renvois sont tout à fait exceptionnels. Ils ne sont distingués d'ordinaire que par le titre de la *parascha* du jour, à laquelle sont empruntés les versets sujet du *derousch*; très rarement le millésime est donné à la suite. Le seul lien qui paraisse rattacher entre elles les parties de cette collection homilétique consiste en une pièce rhythmée qui occupe le recto du premier feuillet, et dont je regrette infiniment de n'avoir point eu le temps de prendre copie. Elle est d'environ 25 vers à hémistiches séparés, et les 21 premiers donnent par leurs initiales la signature de l'auteur, ainsi qu'il suit : אזובי בכ"מר יהודה שלמה אני (moi Salomon, fils du digne et honoré Rabbi Juda Azubi) ; le 22e commence par le mot חזק et ajoute ainsi à l'acrostiche proprement dit la formule connue de souhait de fermeté. Au verso de ce feuillet commence tout aussitôt le premier sermon, qui fut prononcé les deux jours du Nouvel An, dont l'un était un samedi, — en deux parties par conséquent — en l'an du monde 5381 (septembre 1620), « ici dans la sainte communauté de Carpentras », suivant l'intitulé que je reproduis :

דרוש שדרשתי בשני ימים של ראש השנה ושבת בנתיים פא ק"ק
קארפינטראץ בשנת עושה שלום במרומיו ליצירה.

Après le sermon du jour de la Pentecôte de 5384=(1624) (fol. 240), je n'ai plus trouvé aucune indication de date.

[1] C'est M. Steinschneider qui a signalé en juillet 1883 à M. Tamizey de Larroque l'existence de cette collection. Il supposait que c'était la même qu'avait achetée M. de Gunzburg. Mais après avoir eu communication de cette dernière et avoir remarqué les notables différences qu'elle présentait avec celle décrite dans le catalogue, indiqué par M. Steinschneider et qui se trouve dans la Bibliothèque de l'Alliance israélite universelle sous le n° 5049, des manuscrits provenant des frères Azulaï, mis en vente en 1872 par M. Samuel Schönblum de Lemberg, je me mis en rapport avec ce libraire érudit, sur le conseil du savant bibliothécaire de Berlin auquel j'avais fait part de mes doutes. J'appris alors que les cinq volumes Azulaï étaient encore en la possession de M. Schönblum, et j'en ai fait l'acquisition. Le lecteur n'attend certainement pas de moi, pour le présent, une analyse raisonnée et complète des cinq volumes, qui sont maintenant reconnus bien distincts des six de M. de Gunzburg, ni une dissertation sur la coexistence des deux suites, ni la détermination des parties de l'une et de l'autre qui sont ou ne sont pas véritablement autographes. L'importance de celle qui m'appartient, et dont je puis parler conséquemment avec quelque certitude, est assez grande pour qu'un travail tout spécial, dont ce n'est point ici la place, y soit consacré. Ce travail sera fait un jour, mais je ne prévois pas que ce soit par moi. Il sera beaucoup moins pénible et bien plus fructueux s'il est entrepris par une personne très familiarisée avec les textes bibliques et talmudiques, qualité à laquelle je me garde de prétendre. Le catalogue publié en 1872, par M. Schönblum (bien que je le rectifie plus loin sur divers points) donne déjà une idée de l'intérêt que présentent les mss. en question. Je cite d'ailleurs d'assez nombreux passages originaux qui le montrent encore plus clairement. Qu'on veuille bien noter que désormais je désignerai les mss. de M. de Gunzburg et les miens par les abréviations respectives « Mss. G. » et « Mss. D. ».

Azubi[1]. Le fait est incontestable, et ne saurait être infirmé par les textes connus jusqu'ici, au moyen desquels on voudrait soutenir que notre auteur était natif de Constantinople[2]; pas même par le texte des pièces liminaires, sur lesquelles je vais revenir tout à l'heure, du dictionnaire hébreu-latin intitulé *Planta Vitis seu Thesaurus synonymicus etc.* de Jean Plantavit ou Plantevit de la Pause[3], en tête desquelles on lit : SALOMONIS EZVVI CONSTANTINOPOLITANI ...CARMEN TRIPLEX ; et à l'objection, très forte en apparence, tirée du fait qu'Azubi prend lui-même la parole, immédiatement après l'en tête latin ci-dessus, en ces termes : « ...Moi, l'humble Salomon Eizoubhi de Constantinople... [4] », la seule réponse à faire est qu'il y a là nécessairement une synecdoche, que la capitale est prise pour le pays entier, et que מקיסטאנטינה, dans la pensée de l'écrivain, ne peut pas signifier autre chose que *sujet turc*[5].

[1] M. Steinschneider dans son *Catalogus*, 1458 *b*, a constaté que ce nom se rencontre dans les auteurs avec de nombreuses variantes de prononciation : « *Vox* אזרבי *vario modo legitur* », dit-il. Mais pour ce qui concerne la personne de notre Salomon, la question est tranchée : lui-même vocalisait certainement *Azubi* les lettres hébraïques ci-dessus, puisqu'on peut voir au bas des originaux des lettres III et IV ci-après, la signature *Selomo Azubi* qui est incontestablement autographe. Quant à ses contemporains, il n'y a pas chez eux fixité complète. Une fois arrivé en Italie, le correspondant de Peiresc avait conservé l'habitude, qu'il paraît avoir contractée en France, d'écrire ses sermons sur le premier papier qui lui venait sous la main, — voir notamment Mss. D. III, 102-103, où le texte se confond avec la moitié déchirée d'une sorte d'obligation en français, — particulièrement sur des feuilles ne portant que son adresse, enveloppant les lettres qu'il recevait, et dont les plis sont restés visibles. Sur l'une de ces feuilles, où l'écriture hébraïque s'interrompt au-dessus de l'adresse pour continuer au-dessous, on lit (Mss. D., III, 181 *b*) :

Al molto Mag(nifi)co Sig.re mio
oss(ervandiss)mo Il Sig.re Dottore
Salomono Azubj

et un peu plus loin, d'une écriture différente et extrêmement belle (*ibid.*, 195 *b*) :

Al mo(l)to Ilu(str)e et Ecc(ellen)te il S(ignore)
Salomono Ezubi m(i)o
oss(ervandiss)mo el Liuorno.

[2] Athanase Kircher, cité par Wolf, rapporte dans son *Œdipus Ægyptiacus*, Rome, 1652-1653, 3 vol. fol. (II, 94), au sujet d'un sicle d'argent dont il donne la figure qu'il avait déjà trouvée dans les *Promptuaria* de Menedrius et de Villalpand et qui remontait, soi-disant, au temps de Samuel (tandis qu'un autre, figuré sur une page précédente, aurait été frappé peu après la mort de Moïse!), qu'il a vu cette pièce de monnaie chez R. Sal. Azubi *de Constantinople* et qu'elle était beaucoup mieux conservée que celles qu'avaient fait dessiner les deux numismates dont il parle « ... *Hic numus argenteus habetur in Promptuario Menedrii et apud R. Sal. Azubi Constantinopol. eum me vidisse memini. Villalpandus quoque eum excusum habet... Quæ in Villalpandi numo desiderantur, in Azubiano integræ habentur* ».

[3] Lodève, Arnaud Colomiés, 1644 f°.

[4] אני הצעיר שלמה איזורבי מקיסטאנטינה.

[5] Je dois confesser cependant que j'ai été très frappé en lisant un remarquable passage d'Élisée Reclus (*Géographie universelle*, I, 208), où il est rappelé que Constantin

En effet Peiresc, qui assurément connaissait de façon pertinente toutes les circonstances de la vie du rabbin son protégé et une ou deux fois son hôte, a écrit, dans une lettre du 29 août 1634, à Luillier [1] :

... J'oubliois de vous dire que le Rabi Manuel n'a inseré aulcunes observations dans son œuvre ne aulcun rolle des lieux, a mon tres grand regret, puisque c'estoit ce qu'il eusse deub faire pour vostre contentement, et en attendant de vous envoyer l'original, je vous envoye la premiere de ses tables que j'avois faict transcrire avec des vers qui sont avant la preface et une copie de la mode que tient [2] Rabi Salomon Azuby DE ZOPHIA en Macedoine [3] residant à Carpentras pour se servir de ses tables quand il veut calculer ses eclipses. Vous excuserez la rusticité. C'est un fort bonhomme et qui a neantmoins bien leu dans les autheurs de sa nation.

Mais, il y a mieux encore, et un témoignage devant lequel il faut s'incliner nous est fourni par l'intéressé lui-même : il a écrit, en tête d'une de ses homélies : je l'ai composée [4] « lorsque j'ai

avait songé un moment à faire de Sophia la capitale de l'empire d'Orient. La tradition de ce fait s'est-elle perpétuée dans le pays? Et est-ce à cause de cela qu'Azubi appelle *Constantina* le lieu qui l'a vu naître? Je ne fais que poser la question sans prétendre aucunement y répondre.

[1] Cet extrait de la correspondance de Peiresc qui montre sur quel fondement certain reposait le souvenir dont parle, dans l'avant-dernier alinéa de sa notice, M. Tamizey de Larroque m'a été adressé par lui, — tout joyeux d'avoir retrouvé une si belle preuve dans ses notes prises en 1878 et 1879 à la bibliothèque de Carpentras pour la publication des *Lettres de Peiresc* qu'il prépare, et qui s'ajoutera, dans la *Collection des Documents inédits de l'Histoire de France*, à ses *Lettres de Jean Chapelain*, — très postérieurement à l'envoi qu'il m'avait fait de son manuscrit.

[2] C'est-à-dire : de la méthode suivie par...

[3] Pour placer Sofia en Macédoine, Peiresc, qui possédait une science si profonde de l'antiquité, avait évidemment à l'esprit la Macédoine du temps d'Alexandre, qui comprenait la Thrace. Sardica, la ville ancienne dont Sofia occupe à peu près l'emplacement, appartenait en effet à cette dernière contrée, que les successeurs du grand conquérant se laissèrent bientôt reprendre.

[4] דרוש סדרטתי על שמועה לא טובה שבאה אלי מארץ מרחקים צופיאה
ארץ מולדתי מפטירת המאוטרת עטרת ראשי מרת אמי תנ"צבה אשר
נפטרת ביום כ'ד אלול ט"פג והגיע אלי הטמועה ביום כ'ח ניסן ט"פד.
Mss. G., 826 *b*.

Une autre constatation de l'origine bulgare de R. Schelomoh se trouve dans un sermon qu'il intitule, ainsi que plusieurs autres, *Kappara* (dénomination rituelle spéciale, semble-t-il, à l'époque et au lieu), dont il prononça à Carpentras les diverses parties, successivement les deux jours du Rosch Haschana, dont l'un était un samedi, et le soir du Kippour de l'année 1624 (ט"פד), sur le texte biblique Job, v, 24, et le texte qui s'y rapporte de la Mischnah *Schabbath*, II. Voici le commencement de cette homélie en prose cadencée :

« 1. En l'année trois cent quatre-vingt-quatre,

2. Suivant notre supputation,

3. Et du nombre de celles du sixième millénaire,

4. Le trentième jour du cinquième mois,

» appris la funeste nouvelle, qui m'est parvenue d'une contrée
» éloignée, de Sophia [1], *pays de ma naissance*, de la mort de la
» femme révérée, [dont l'existence m'était aussi précieuse qu'une]
» couronne sur ma tête, madame ma mère, puisse son âme parti-
» ciper à l'autre vie, qui a quitté ce monde le 24 d'Eloul 5383
» (en septembre 1623). Cette nouvelle m'est arrivée le 28 de
» Niçân 5384 (fin d'avril 1624) [2] ».

Je n'ai su trouver aucune indication certaine relative à l'époque
de la naissance d'Azubi. J'avais d'abord cru pouvoir conclure de
ce que le français lui était familier au point où nous le voyons
par ses lettres [3] qu'il avait dû venir en France fort jeune ; et en
me reportant à l'année 1595 où Sophia fut saccagée par les Hongrois, je supposais que c'était cette année-là même que, fuyant
avec sa famille devant l'invasion, il avait été amené, âgé alors de
dix à quinze ans, par l'un de ses proches jusque dans le Comtat
Venaissin, où les Juifs jouissaient pour l'époque de si grandes
libertés [4]. Mais j'ai reconnu bientôt que mon hypothèse n'était pas
soutenable. Car, comment expliquer que sa mère fût demeurée à
Sofia, où elle mourut vingt-huit ans après, ainsi que nous venons

5. Une vision m'apparut,
6. Car un rêve sur soixante est prophétique.
7. Et il me sembla, dans ma vision,
8. Que j'étais au milieu du bosquet de mon jardin,
9. Qu'il y a dans la maison de mon père, à Sofia pays de ma naissance... »

בשנת שלש מאות ארבעה ושמונים · למנין טאן/ מנים . מפרט האלף
הששי · ביום שלשים לחדש החמשי · חזון אלי נראה · כי החלום אחד
משים בנבואה · ואראה בחזיוני · כאלו הייתי הוך פרדסי וגני · אשר
בבית אבי צופיאה ארץ מולדתי. Mss. D., II, 20 *b*.

1 On lit dans le *Grand Dictionnaire historique etc.*, de Bruzen de La Martinière,
Paris, 1741, 6 vol. fol., citant Davity, lequel écrivait en 1616, v° SOFFE, Sofiah ou So-
phie, que cette ville « fut saccagée et brûlée par les Heiduques Hongrois en 1595...
Les Juifs y ont plusieurs synagogues et y font un grand trafic ».

2 Cet intervalle de plus de huit mois montre bien quel était l'état des communica-
tions d'Orient en Occident au commencement du xvii° siècle.

3 Bien qu'il les ait dictées et que deux d'entre elles seulement soient signées de sa
main, elles montrent toutefois qu'il parlait le français, avec « la rusticité » et les tour-
nures provençales reprochées par Peiresc, je le veux bien, mais du moins avec une
facilité remarquable et qu'on ne retrouve pas chez beaucoup de rabbins d'autres con-
trées avant les temps modernes. C'était d'ailleurs là une nécessité pour les *parla-
dors* du Comtat, qui avaient l'obligation de « vulgariser et romancer les vers »,
c'est-à-dire sans doute les versets en hébreu du texte des prières dites par la *gessiva*
(*Yeschibhâh*), qui ne comprenait que le provençal à peu d'exceptions près. Voir de
Maulde, *Les Juifs dans les Etats français du Pape, Revue des études juives*, VII,
239 et IX, 101.

4 Voir les statuts de 1558 de la communauté Juive d'Avignon, formant la partie
documentaire du travail de M. de Maulde qui vient d'être cité, et qu'il a publiés
d'après l'original du musée Calvet. Déjà, nous dit-il (VII, 228), Sixte IV avait ordonné que les Juifs de ses possessions cisalpines fussent considérés *tanquam veri
cives*.

de le voir ? De plus, dans le récit de sa vision, dont j'ai reproduit le commencement plus haut, se trouve un passage impliquant, selon toute vraisemblance, que son séjour dans sa patrie se prolongea au delà du temps de son adolescence. Voici en effet le tercet qui fait immédiatement suite à ce que j'ai cité :

10. [J'y passais] comme auparavant, et un jour suivant l'autre, mes sabbats et mes néoménies.
11. Dans la société de mes amis et de mes connaissances.
12. Et d'une troupe de mes compagnons [1].

Enfin, un autre document prouve encore bien mieux qu'il n'émigra qu'après avoir atteint l'âge viril. Le premier feuillet de mes manuscrits — feuillet détaché et réuni après coup au volume, — contient au recto un acrostiche de vingt-quatre vers [2] (*bâtîm*) composé à l'occasion d'un mariage, et dans lequel est principalement développée l'idée de l'influence qu'exerce la femme vertueuse sur son mari pour l'encourager à l'étude de la loi, et des biens spirituels qui en découlent pour tous deux. Au verso du feuillet se trouve l'exorde du discours, ayant pour texte un passage du Talmud de Jérusalem, section *Kilayim,* se rapportant à l'agonie de Rabbi Zèra (ר׳ זירא הוון בעיי ממיתיד׳ וכו׳), dont Azubi fit précéder la consécration de cette union ; voici l'introduction et le résumé de cet exorde :

Docteur et vous Messieurs,

Je ne m'attarderai nullement devant des personnes d'aussi haut rang que le vôtre à quelque apologie, car j'ai pour excuse bien connue de vous tous que ce n'est ni par pensée ni par résolution personnelles que je suis venu me présenter au milieu de votre saint campement [3].

L'orateur dit alors avoir été appelé expressément par le marié,

כפעם בפעם יום ויום חדשי ושבתי׳ בחברת אוהבי ומיודעי׳ ואחוזת ¹
נרעי׳

[2] La mention, relative à cet acrostiche, du *Catalogue d'une collection Anconienne* n'est pas suffisamment exacte. Ceux qui l'ont lue ont dû remarquer ce que présente d'anormal l'intitulé : « poème que j'ai composé (*scil.* pour être récité) avant LES SERMONS ». Tandis que tout devient naturel quand on a reconnu que le dernier mot est au singulier dans le ms. qui porte réellement :

שיר אשר חברתי קודם הדרשה על משקל אלהי אל תדנני ושמי וכנויי
בתחלת ראשי בתיו
אזמר אל אלהי כל אלהים   בלב נדכה וברוח נשברה׳.....
מורה ורבותי לא אאריך לערוך שום התנצלות לפני מעלתכם להיות ³
התנצלותי גלוי ומפורסם לעין כל כי לא מדעתי ורצוני באתי להתיצב
בקרב מחניכם קדוט׳

et il poursuit, en prose cadencée, en invoquant Dieu et les anges, puis en demandant la licence de parler (*Reschouth*) d'abord à la sainte assemblée, ensuite à l'illustre fiancé, ensuite à son père en ces termes :

Et avec la permission du seigneur mon père, puisse-t-il demeurer mon appui en ce monde, me dispenser abondamment et quotidiennement l'argent et l'or de ses enseignements ! J'abandonne mon esprit en ses mains jusqu'à la fin de ses jours[1].

puis à ses oncles, hommes illustres, puis à son maître Ezra, puis de nouveau à la communauté, et il termine par une dernière invocation au maître de l'Univers (*Rabba dekhóla*).

Où et quand fut prononcée cette allocution ? Cela n'est point exprimé ; mais d'après la composition de l'auditoire ainsi qu'il nous est décrit, la solennité pour laquelle il se trouvait réuni dut avoir lieu à Soffa, c'est plus que probable. Ce qui est certain d'autre part, c'est que Salomon Azubi, pour avoir été appelé à occuper dans la cérémonie la place principale, était déjà mieux qu'un étudiant, et qu'il avait tout au moins à peu près l'âge du fiancé, c'est-à-dire dix-huit ans, selon le précepte de la Mischnah qu'il rappelle dans son poème versifié[2] ; peut-être même était-il déjà marié.

Quand nous le retrouvons pour la première fois en France à une date certaine, en 1619 comme nous le verrons tout à l'heure, à titre d'*Abh beth Din*, de chef spirituel d'une communauté, ayant, deux ans plus tard, un suppléant, son élève, il devait nécessairement aussi être chef de famille.

J'imagine qu'il avait à ce moment là environ quarante ans, et voici comment.

Nous avons vu, à deux ou trois reprises, Peiresc, écrivant en 1633, parler du « bon homme » Azubi. Sans aller jusqu'à penser que, par cette expression, il a entendu désigner un vieillard[3], je

----

[1]

וברשות אדוני אבי לחוצאני לעולם הזה עזר |
יום יום ללמדני כספו וזהבו פזר |
בידו אפקיד רוחי עד בוא חלף

[2] Le neuvième vers porte : « Le temps voulu pour le mariage de l'homme, c'est « lorsqu'il a atteint dix-huit ans ».

זמן ראוי לזווג ה־אנשים   היותם בן שמונה עם עשרה

[3] On pourrait cependant le soutenir en s'appuyant de l'autorité de mon savant collaborateur, qui a dit, à propos d'un passage d'une lettre de Balzac de 1613 où il est question de son *bon homme de père :* « Bon homme voulait dire alors homme âgé ». Voir *Lettres de Jean-Louis Guez de Balzac*, publiées par Philippe Tamizey de Larroque. Paris, imprimerie Nationale, 1873, in-4°, p. 20, note 2.

me crois sûr du moins que le docte magistrat n'a pu l'appliquer à un homme sensiblement plus jeune que lui. Or Peiresc, en 1633, avait cinquante-trois ans. Je ne dois donc pas me tromper de beaucoup en concluant de là que notre rabbin vint au monde entre 1575 et 1580.

On ne sait que fort peu de chose touchant sa famille. Nous avons vu que son père se nommait Iehoudah. Ce dernier comptait-il parmi ses ancêtres le poëte du XIII° siècle auteur du *Qa'arath Kéçeph* [1] Joseph Ezobhi ben Ḥanan ben Natan de Perpignan? Plantavit de la Pause a rapporté que c'était l'opinion commune, mais cela n'est rien moins que prouvé [2]. Salomon Azubi

[1] Le קערת הכסף (*sic*) est reproduit en entier, pp. 1136-1167 du t. IV de la *Bibliotheca hebraea*, avec la traduction en vers latins de Reuchlin et une préface de ce dernier, qui fit imprimer l'opuscule à Tubingue, chez Thomas Anshelm en 1512. Joseph Ezobhi écrivit le poëme, qui contient des instructions religieuses et morales, pour le dédier à son fils Samuel qui se mariait. C'est Jean-Albert Fabricius qui avait donné ce rare petit volume, qui n'a que deux feuilles d'impression, à Wolf; mais celui-ci fit sa réimpression d'après un ms. sur vélin lui venant de la bibliothèque de C. T. Unger et portant les variantes recueillies dans deux autres. Il en conféra le texte avec l'imprimé de 1512 et avec une autre édition, d'une rareté égale, donnée par Jean Mercier sur un ms. dont lui avait fait présent l'évêque de Mâcon, le célèbre Pierre du Châtel, laquelle édition, la troisième si on compte celle de Constantinople 1533 mentionnée par le *Siphtê Yeschênim*, forme un appendice du *Mouçar Hassèkhel*, de Rabbi Haï Gaôn, publié par Mercier en 1561, à Paris, chez Guillaume Morel, in-8°. Elle contient une préface en vers, omise par Reuchlin, à dessein ou parce qu'elle manquait dans son ms., où il est dit en parlant de l'ouvrage :

נקרה שמה קערת כסף.....

חברה בפרפינאן (sic) היקרה (הקרירה variante)

המשורר ר' יוסף האזובי

Le ms. de Wolf contenait, après cette préface, une lettre en prose qu'il n'a pu reproduire parce qu'elle était en partie effacée et que la fin manquait. Il a seulement rapporté que l'auteur y est appelé *Joseph Ezobhi ben Chanan*. Quant au nom de son grand-père Natan, je l'ai trouvé dans le *Catalogus* de M. Steinschneider à la page 1458 *b*, où j'ai remarqué, par parenthèse, l'erreur certainement typographique קערת יוסף, qui aura été probablement rectifiée dans les *corrigenda ;* comme devra l'être aussi celle, attribuable à la même cause, que j'ai rencontrée dans l'article *Jüdische Literatur* de l'Encyclopédie d'Ersch et Gruber (466 *b*), où Peiresc est appelé *Pereira*.

[2] On lit dans la *Bibliotheca rabbinica* du *Florilegium Rabbinicum*, Lodève 1644, in-fol., n° 624, p. 625 à l'article קְעָרַת כֶּסֶף לר' יוֹסֵף אֱיזוּבִי • « Libellus moralis « rhytmicus R. Iosephi Ezuui, Constantinopolitani, de cuius prosapia esse dicitur « R. Salomon Ezuui Synagogarcha Liburnensis ex Carpentoratensi, præceptor « quondam noster in Rabbinicis... », sur quoi Wolf fait cette juste remarque (I. 502) : « Prodiit (Libellus) Cpoli 293, C. 1533, in-8° unde forte Plantavitius auctorem ip- « sum Cpolitanum esse suspicatus est ».
Mais l'expression *de cujus prosapia esse dicitur* cause quelque surprise, quand on considère que l'évêque de Lodève avait toute facilité pour s'assurer auprès de son ancien professeur, avec lequel il était resté en relation, si le bruit public à ce sujet était sérieusement fondé ou non. Aussi est-on porté à pencher vers la négative. Dans le cas contraire, c'est que les descendants du *meschôrèr* Joseph ben Ḥanen auraient été du nombre des Juifs qui, lors de la grande émigration d'Espagne, trouvèrent un refuge en Turquie. Et la plus forte présomption en faveur de l'assertion de Plantavit

portait, suivant une coutume qui s'est perpétuée, le nom de son grand-père paternel, lequel avait été docteur de la loi et n'existait plus vers la fin des vingt premières années du XVII° siècle. C'est ce que nous apprend le *Bâyit Néemân*, recueil de sermons d'Isaac Véga de Salonique habitant de Nicopoli, publié en 1621, aux dépens de Joseph Azubi, à Venise [1], où celui-ci résidait semble-t-il ; et d'après la filiation indiquée par Véga, il n'est pas douteux que ce Joseph était un frère de notre auteur [2].

Aucune autre donnée que celles qui précèdent ne nous est parvenue relativement à la partie de sa vie qui s'est écoulée depuis sa naissance jusqu'au jour où, par suite de circonstances inexpliquées, il vint se fixer dans le Comtat, avant l'année 1619. Mais à partir de cette date, les informations, à tirer pour la plupart de ses œuvres manuscrites, sont extrêmement abondantes. Je vais les disposer dans leur ordre chronologique, en les discutant par intervalles, et l'on verra combien ces preuves nous révèlent d'événements de l'existence de notre intéressant personnage, en même temps qu'elles nous font connaître les noms de beaucoup de ses contemporains dont les homonymes, sinon les descendants existent encore. Je ne garantis pas cependant que la suite des temps sera exactement observée pour les documents non datés : je n'ai pu en effet que les supposer de la même époque que la pièce datée dont ils sont le plus rapprochés ; or il est facile de voir, par les cotes que je donne de mes manuscrits, que les productions les plus anciennes s'y enchevêtrent trop souvent avec d'autres qui ne sont venues que fort longtemps après ; ma méthode n'est donc pas exempte de chances d'erreur, mais je n'en avais point d'autre à choisir.

1619. — *Kappara* [3] à Avignon [4]. Azubi y habitait-il alors ? ou

serait peut-être le nom de l'ancêtre supposé dont on aurait fait revivre la mémoire en Joseph ben Iehoudah Azubi de qui nous allons parler.

[1] Chez Bragadin, in-fol°, dit Wolf qui, comme nous l'a fait observer M. Steinschneider, s'est trompé en appelant l'auteur Isaac Biga, l'hébreu ביגא devant être lu Véga.

[2] Cette conclusion m'est personnelle, mais les informations qui la motivent sont dues à M. Steinschneider, qui a fait connaître à M. T. de L. l'existence du בית נאמן et de la mention relative aux Azubi qu'on lit au fol. 3 *a* de cet ouvrage. Il a même eu l'obligeance, postérieurement, de rechercher le passage dans l'exemplaire de la Bibliothèque Royale de Berlin et de nous en envoyer la substance que voici : Isaac Véga y · rend grâce à Joseph Ezobi FILS DE IEHOUDA, fils de l'intelligent et sa-
· vant qui a étudié et enseigné la loi dans Israel (אשר קבץ ורבץ תורה בישראל) Salomon Ezobi *beatæ memoriæ* שלמה אזובי ז"ל.

[3] Voir sur ce mot, p. 8 note 4.

[4] כפרה שעשיתי בהיותי מכפר בק"ק אויניון יע"א בשנת ט"ס לפ"ק בשני ימים של ראש השנה ושבת שבנתים ברוב עם הדרת מלך מלכי המלכים הקב"ה ישתבח שמו.

Mss. D., II, 6.

bien y était-il venu prêcher exceptionnellement, le Rosch Haschana et le Kippour? C'est ce qu'il n'est pas possible de déterminer.

1620. — Sermon des deux jours de Roch-Haschana dont l'un
était un samedi, à Carpentras [1]. Il paraît y être bien décidément
alors en résidence fixe.

1621. — Ce n'est pas lui qui prêche le samedi de la section
Vayikrâ (en février): c'est son élève David Crémieu [2].

En novembre de la même année, le samedi 7 de kislev, il fait un
sermon de circonstance, à la nouvelle qu'il avait reçue de la
mort du savant accompli Rabbi Joseph Mardochée, habitant d'A-
vignon, survenue la nuit du mardi précédent [3].

1622. — En janvier, le samedi de la section *Beschallah*, le sermon est encore de son élève David Crémieu, fils de Joseph [4].

1623. — Il prêche le dernier jour de Pâque [5].

1624. — *Kappara* à Carpentras les deux jours de Rosch-Has-
chana, dont un samedi, et le Kippour [6].

1627. — *Kappara* dans les mêmes circonstances [7].

1628. — *Kappara* semblable, le ר"ה tombant encore une fois un
samedi, comme l'année d'avant [8].

1629. — C'est cette année-là, pour la première fois, que nous
voyons Azubi en rapport avec les savants chrétiens, car Peiresc,
comme nous allons bientôt le montrer, ne fut guère à même de le
connaître que trois ans plus tard. Le premier des érudits d'un
autre culte qui vint lui demander des enseignements fut Jean
Plantavit de la Pause. On sait par les biographies, tout incom-
plètes qu'elles soient, que cet ex-protestant, converti à Béziers en
1604, à l'âge de vingt-huit ans, et en possession, depuis 1625, de
l'évêché de Lodève, était déjà fort avancé en hébreu au collège
protestant de Nîmes [9], et qu'au cours des voyages — sur lesquels,

---

[1] דרוש שדרשתי בשני ימים של ראש השנה ושבת בנתים פרד ק"ק
קארפינצרץ בשנת עושה שלום במרומיו ליצירה Mss. G., 1 b.

[2] בפרשת ויקרא דרש תלמידי דוד כרמי Ibid., 332 b.

[3] פרשת ויצא' הוא דרוש שדרשתי על שמועת פטירת החכם השלם
כמה"ר יוסף מרדכי ז"ל מתושבי אוייניון אשר נפטר ליל יום ד' ד' כסלו
שנת ט"סב לפ"ק ודרשתיו בק"ק קארפי' ביום שבת ז' כסלו Ibid., 542 b.

[4] פרשת בשלח לא דרשתי יען כי דרש תלמידי דוד בר' יוסף כרמי Ibid., 576 b.

[5] דרשתי ביום אחרון של פסח הש"פג. Ibid., 707.

[6] Mss. D., II, 20 a.

[7] Ibid., 54 a.

[8] Ibid., 78 a.

[9] Poitevin Peitavi, *Notice sur Jean de Plantavit de la Pause*, etc. Béziers, 17.., in-8°, p. 7-8.

comme sur beaucoup d'autres points qui le concernent, les détails nous manquent complètement — qu'il fit après sa conversion, en Allemagne et en Italie, il étudia à Rome, en 1609, le chaldéen et l'hébreu sous le Juif renégat Dominique de Jérusalem « médecin habile », dit Poitevin Peitavi, et qui se vantait d'ailleurs d'avoir été l'un des sept médecins en chef du sultan Amurat [1]. D'un autre côté, Plantavit lui-même, dans le curieux article de la bibliothèque rabbinique de son *Florilegium rabbinicum* sur le *Midbar Iehoudah* de Juda Léon de Modène, rapporte que ce rabbin [2] lui donna des leçons d'exégèse talmudique, d'abord en 1609 à Florence, puis, deux ans plus tard, à Venise, et qu'il l'aida puissamment dans ses travaux bibliographiques [3]. Pour le même ordre d'études et bien postérieurement, Azubi ne fut donc que le troisième maître, ou plutôt le troisième conseil de Plantavit. Seulement leur travail commun de 1629 dura, nous dit Rabbi Schelomoh, dix mois consécutifs [4]. A qui demanderait maintenant comment le pasteur juif a

---

[1] *Ibid.*, p. 12. Ce Dominique donne à la pièce par laquelle il a contribué aux liminaires du *Planta Vitis* (qui, ainsi qu'on le verra ne peuvent être postérieures à 1639) l'intitulé suivant : *Dominici Hierosolymitani, ex hebræo christiani et e Turcici Imperatoris Medico, Censoris Romanæ Inquisitionis Librorum Rabbinicorum Illustrissimi Episcopi Lodovensis, Romæ ante XXX annos Præceptoris in Rabbinicis* (*Carmen*). שיר דומיניק זעיר וצעיר ירושלמני לבני ימים רבים אחד משבעה רופאים הגדולים להמלך מורם אוטמני בקוסטנטינה. Suivent neuf vers d'un hébreu dont la pureté ne dépasse pas, à ce qu'il m'a paru, celle du titre ci-dessus. De façon qu'il valait peut-être mieux avoir le Dominique en question pour médecin que pour professeur.

[2] Il est l'auteur de l'ouvrage fort connu auquel Richard Simon — prenant le pseudonyme de SIEUR DE SIMONVILLE mais signant de son nom sa dédicace à Bossuet — donna, en le traduisant, le titre *Des Cérémonies qui s'observent chez les Juifs.*

[3] *Florilegium rabbinicum*, p. 588, n° 323. Voici un extrait de cet article : « *Desertum Judæ*. Liber concionum est R. Judæ Leonis Mutinatis, summæ inter hodiernos Italiæ Rabbinos auctoritatis, quem primum Florentiæ, anno 1609, deinde biennio post Venetiis præceptorem habuimus in Rabbinicis. Atque is ille est cujus maxima cura et studio Bibliothecam nostram Rabbinicam instruere cœpimus... »

[4] Dans la dédicace de son *Thesaurus Synonymicus* aux cardinaux et au clergé français, Plantavit nous apprend que l'ouvrage fut entrepris a l'instigation des cinq cardinaux Bellarmin, Du Perron, de la Rochefoucauld, Armand de Richelieu et de Bérulle, parce que l'hébraïsant renommé Genebrard se sentait trop âgé pour se vouer à une tâche aussi considérable, et qu'il lui fallut à lui-même trente ans pour l'amener à un point suffisant de perfection. « Ego triginta circiter annis perfectum » Opus inchoavi de consilio Eminentissimorum quinque Cardinalium Bellarmini, » Perronij, Rupefucaldij, Armandi Richelæi et Berulæi... qui... illud... difficilli» mum censuerunt. Nam ipse Genebrardus... subinnuit ætatem suam sibi justo » breviorem videri ut ad negotiosum hoc volumen aggrederetur. Ausus tamen ego » sum et diuturno sudore parturij ». Et remarquons en passant que le *Planta Vitis* précéda, dans l'ordre de la mise sous presse, les deux autres in-folio d'égale rareté de l'évêque de Lodève, bien que tous trois soient datés sur le titre de l'année 1644, car l'avis *Benevolo Lectori* du premier se termine ainsi : « Quod si semel mihi constiterit id te æqui bonique consuluisse, *Florilegium Biblicum* statim subsequetur et

été mis en rapport avec l'évêque de Lodève, j'avoue être absolument incapable de répondre. Il est cependant permis de supposer que leur première entrevue a pu être ménagée par l'évêque de Carpentras, qui était alors Cosme de Bardi, légat d'Avignon pour Urbain VIII, et dont le successeur, en 1630, fut Alexandre Bichi [1].

1630. — Le samedi 9 de Tebet (vers les derniers jours de décembre), section *Vayiggasch*, Azubi prononce un discours à l'occasion du mariage de son ami Rabbi Gad de Lunel [2].

1631. — Sermon prononcé aux secondes noces du chef de famille Samuel Crémieu, fils de Josué, à Carpentras [3].

Sermon du premier jour de Pâque, et il y avait un marié [4].

« concitato gressu *Rabbinicum* comitem se dabit ». Je vois là une raison de plus pour nous convaincre que le *Thesaurus synonymicus*, ainsi que tous les *Testimonia encomiastica* en diverses langues dont il est accompagné, étaient prêts à être remis à l'imprimeur dès l'année où l'auteur avait obtenu le droit de le publier. Or son privilège porte la date du 30 mai 1639, il le transféra, le 10 juin suivant, « à Arnaud Colomiez de Tolose » ; et, bien mieux encore, un de ces *Testimonia*, l'*Eulogicum Testimonium* du chanoine et archidiacre de Soissons, Simon de Muis d'Orléans, professeur royal d'hébreu est daté de Paris « in Musæolo Nostro XIII Kal Junii A. C., 1639 ». Par conséquent, lorsque Salomon Azubi, dans ce que Plantavit a appelé la *Præfatiuncula* qu'on trouve dans les mêmes pièces liminaires, au devant du second de ses trois *Schirîm*, s'exprime ainsi :

דברי הצעיר וזעיר למצות האדון זהיר

שלמה איזובי דר בהיום בליוורנו

הלא מאז ראתה עיני זה עטרה טנים . בהיותי דר בקארפנטראס עם

הארו אל עבד פני זוהר תוהר ברק פניו הנאירים בספרים . ופנים אל

פנים דברינו ויחדו סוד הנמתקנו כמו עטרה חדשים רצופים . בעניני הספר

המעולה הזה ויתר חבורייו......

il est évident que c'est en 1639 qu'il parle, étant alors à Livourne, et rappelant le souvenir des conférences laborieuses et si longtemps prolongées qu'il avait eues avec Plantavit dix ans auparavant à Carpentras.

Il est nécessaire de faire observer aussi qu'Azubi a dû, sur le moment même où il terminait la recension à laquelle il venait de travailler avec le prélat, dédier à ce dernier la pièce de vers louangeuse qui forme la première partie de son *Carmen triplex* des liminaires du *Planta Vitis*, et dont l'intitulé est le suivant :

שיר ושבח מעלת תהלת ספר המשותפסים השר והנבזסר גבר חכם הוא

הגמון לודיבא שקלתוי במאזני שכלי אני הצעיר שלמה איזובי מקיסטאנטינה

מרביץ תורה בק"ק קארפינטראץ יע"א

Très vraisemblablement, ceci fut écrit dès 1629.

[1] *Gallia Christiana*, I, 913 et Tamizey de Larroque, les *Correspondants de Peiresc* (VIII[1]. — *Le cardinal Bichi, évêque de Carpentras*; Paris et Marseille, 1885, in-8°.

[2]

דרוש שדרשתי ביום ט"ק פר' ויגש בנשואי אהובי כמ"ר גד דלוניל

יצ"ו ט' יגוים לחדש טבת משנת ה'ט'צ'א' ליצירה.

Mss. D., IV, 239 *b*.

[3]

. . . . . בנשואים טניים מב"ב שמואל בן יהושע כרמי יצ"ו מק"ק

קארפי' בשנת ה'ט'צ'א'.

Ibid., II, 250.

[4]

. . . . . ליום ראשון של פסח . . . . . ט'צ'א' וחתן

Ibid., II, 257.

1632. — Sermon des deux premiers jours de Pâque, et à l'occasion du mariage de Josué Léon, fils d'Isaac [1].

Sermon du samedi intercalaire de la fête des Tabernacles [2].

? — Un samedi de novembre, section *Ḥayyé Sarah*, sermon « avant la lecture de la loi, pour exciter le cœur des assistants à » multiplier leur bienfaisance, afin de doter une fiancée, orphe- » line de père et de mère et extrêmement pauvre » [3].

? — Sermon funèbre à l'expiration·du mois écoulé depuis la mort du digne Abraham Albuquerque [4].

Nous voici arrivés au temps où Rabbi Schelomoh mit sa science au service du grand érudit provençal à qui il a adressé la correspondance publiée plus loin, de ce Mecène auquel il n'a manqué qu'un Horace pour populariser son nom au même degré. Mais demandons-nous d'abord comment il connut Azubi, et à quelle époque.

Tout me fait croire que ce fut par l'entremise d'Athanase Kircher, et pas avant l'automne de 1632. Il faut se souvenir, en effet, que Peiresc venait de passer plus de sept ans à Paris quand il revint en Provence, en 1623 [5]; que jusqu'en 1625 il ne quittait pas le chevet de son père malade [6]; que, l'année suivante, il souffrit lui-même au point de ne pouvoir reposer [7]; que ses souffrances vinrent trop souvent interrompre les travaux auxquels il se livrait et dont son biographe a bien spécifié le genre chaque fois, et cela jusqu'en 1629 où la peste l'éloigna d'Aix [8]; et enfin, que lorsqu'il y revint, au mois de septembre 1632, les maux qui le tourmentaient l'ayant mis plusieurs fois en danger de mort au printemps précédent [9], il était demeuré pendant tout le cours de ces trois ans

---

[1] ‎. . . . בשני ימים ראשונים של פסח ה'ט'צ'ב' בנטואי יהושע בן‎
‎יצחק ליאון‎
Ibid., II, 197.

[2] ‎דרוש לשבת וח"ה של סוכות ה'ט'צ'ג'‎
Ibid., II, 190.

[3] ‎דרוש שדרשתי ביום ש"ק פר' חיי שרה קודם קריאת התורה לעורר‎
‎כבורת האנשים להרבות בנדבתם כדי להשיא יתומרת מאב ואם כלדת‎
‎ואביונה בתכלת‎ (*Sic*, probablement pour ‎בתכלית‎, comme je le crois avec M. Loeb.)
Mss. D., II, 205.

[4] ‎הספד עשיתי בתשלום החדש להיקר אברהם אלבוקירדקי נ"ע.‎
Ibid., II, 220.

[5] Discessit ergo Menso Augusto, hoc est post menses aliquot supra septennium Parisiis exactos... October jam erat cum domum accessit. *Viri illustris ...Fabricii de Peiresc... Vita*, édit. cit., p. 119 et 121.

[6] Assiduus adeo ut, nisi urgentibus in Senatu negotiis, a latere Patris non discederet. *Ibid.*, p. 127.

[7] Rediit domum rheumate insigni laborans... incommoda alia... ne in ipso quidem lecto permiserunt conquiescere. *Ibid.*, p. 129.

[8] Coactus tandem fuit medio septembri excedere. *Ibid.*, p. 143.

[9] Relatus Belgenserium (ex Tolone)... non diu constitit... valetudo : siquidem

dans son domaine de Beaugencier, près Toulon [1]. D'ailleurs, le début de la lettre I, ci-après, du 17 décembre 1632, avec ses effusions de reconnaissance pour l'accueil fait à Aix à l'écrivain, est conçu de façon à rendre, selon moi, clair comme le jour le fait que c'est dans les deux mois environ qui ont précédé [2] que Peiresc et Azubi se sont vus pour la première fois « face à face », selon l'expression biblique employée par celui-ci dans une occasion analogue [3]. Mais ils avaient dû correspondre auparavant, soit directement, soit par un intermédiaire. J'ai avancé qu'ils furent mis en rapport par le P. Kircher et je vais chercher à le démontrer.

Athanase Kircher a trouvé, de nos jours, et dans la célèbre Compagnie à laquelle il a appartenu, un biographe très enthousiaste, ne fût-ce que comme compatriote, mais des plus exacts, qui nous apprend que son héros, ordonné prêtre à vingt-six ans, en 1628, se trouvait, en octobre 1631, à Würzbourg, d'où il partit, lui quatre-vingtième, fuyant, avec ses collègues, à l'approche des armées de Gustave-Adolphe, et que, chassé également par l'invasion de Mayence, puis de Spire, il passa en France et trouva enfin un refuge tranquille dans la maison-professe de son Ordre à Lyon, bien que la peste y sévît violemment alors et mit à de rudes épreuves le zèle du clergé [4]. Très peu de temps après, on l'envoya à Avignon.

La Compagnie y dirigeait une importante maison d'éducation, et de plus, c'était aux Révérends Pères qu'incombait la charge des exhortations à abjurer à faire périodiquement aux Juifs et que ceux-ci étaient contraints d'aller écouter [5]. Kircher eut-il parfois à prononcer de ces sermons, d'un effet assez platonique, comme on

statim tempore verno... anni sexcentesimi, ac trigesimi secundi sic varie divexatus fuit, ut actum de eo sæpius videretur. *Ibid.*, p. 158. — Ce *Belgensorium* est aujourd'hui, selon l'orthographe officielle, Belgentier, commune du département du Var, arrondissement de Toulon, canton de Solliès-Pont.

[1] Triennio Belgenserio exacto, rediit in urbem mense Septembri. *Ibid.*, p. 163.

[2] Je dis *dans les deux mois*, quoique Peiresc fut de retour depuis trois, parce que, pour les motifs si clairement expliqués dans la lettre IV, le rabbin de Carpentras ne pouvait quitter son poste qu'en octobre.

[3] V. p. 15-16, note 4.

[4] *P. Athanasius Kircher. — Ein Lebensbild entworfen von Karl Brischar, Priester der Gesellschaft Jesu.* Würzburg, 1877, in-8°, 91 pp, 33-35. Le livre a pour épigraphe un passage d'une lettre écrite le 16 mai 1670 par Leibnitz à Kircher, où le grand philosophe souhaite au savant Jésuite l'immortalité, à laquelle il lui paraît prédestiné par son prénom, en ces termes : « Uebrigens wunsche Ich Dir, der Du der Unsterblichkeit würdig, soweit sie den Menschen zu Theil werden kann, wie dein Name es glückverkundend anzeigt, in kräftigem, jugendfrischem Alter die Unsterblichkeit ».

[5] K. Brischar, *l. c.*, p. 37, citant Cordara, *Historia Societatis Jesu*, liv. XI, p. 61.

sait [1], et qui n'excluaient nullement, une fois l'obligation remplie de part et d'autre, les bons rapports entre ceux qui prêchaient dans le désert et leurs auditeurs du peuple « à la nuque dure »? On ne nous le dit point. Mais Kircher qui, outre les mathématiques et les sciences physiques, professait au collège d'Avignon les langues orientales, Kircher hébraïsant consommé et s'occupant déjà de vastes recherches archéologiques, devait, quand ce n'eût été que sur ce que lui rapportaient d'Azubi les Pères qui le connaissaient assurément, se sentir irrésistiblement attiré vers ce rabbin d'une ville si voisine d'Avignon et qui y venait parfois, vers ce savant né au pied de l'Hémus, à qui le turc et l'arabe étaient aussi familiers que l'hébreu et le français, et qui possédait certains exemplaires de monnaies des plus rares.

Plantavit de la Pause, qui fut un des amis de Kircher [2], avait dû aussi, dans sa correspondance ou verbalement, lui faire un grand éloge de Rabbi Schelomoh. Il résulte, en tout cas, du texte de l'*Oedipus*, cité plus haut, que le rabbin reçut Kircher chez lui à Carpentras. J'estime que ce fut dans l'un des premiers mois de 1632, puisque Kircher fut envoyé, vers le déclin de la même année, en mission géographique dans le midi de la France; qu'en 1633, il explorait la plaine de la Crau, et que, lorsqu'il se rendit de là auprès de Peiresc [3], on n'était encore qu'au printemps, ainsi que le constate Gassendi qui était présent [4]. De là ma ferme conviction qu'il se sera passé ceci : Kircher, à la suite de sa visite à Azubi, l'aura vivement recommandé à Peiresc, qui était encore à Beaugencier, et ce dernier, dès son retour à Aix, en septembre 1632, aura fait dire au rabbin de venir le voir aussitôt qu'il le pourrait. La preuve que les événements se sont enchaînés comme je le suppose manque dans ce qui est parvenu jusqu'à nous des lettres reçues et écrites par Peiresc, mais peut-être la trouverait-

---

[1] Voir Perugini, *L'Inquisition Romaine et les Israélites*, Revue des Etudes juives, III, 94-97 et Dejob, *Documents sur les Juifs des Etats Pontificaux, ibid.*, IX, 77, 91 et *passim*.

[2] Le second des *Testimonia* en hébreu du *Planta Vitis* (le premier est de Philippe d'Aquin) est un « Tristichon Tricolon » de Kircher, qui commence ainsi :

גילו כל לבב המבחקים

שמחו כל בעלי פסוקים

המוסרים והמדקרקים

[3] « ...Er wurde nach Narbonne geschickt, um eine Landkarte aufzunehmen... Im Iahre 1633 besuchte er, 4 Stunden von Arles, eine weite Ebene die von den Bewohnern der Gegend *La Crau* genannt wird... In Aix traf er mit dem berühmten ...Peiresque zusammen », Brischar, *l. c.*, p. 37.

[4] « Ver erat ...Aderam ipsi interea dum accersitum quoque voluit Athanasium Kircherum... Avenione tum commorantem », *Vita*, p. 165, *sub A°* 1633.

on dans la volumineuse correspondance de Kircher que le P. Brischar dit être conservée à Rome au Gesù.

C'est ici le lieu de faire remarquer qu'il doit nécessairement y avoir, eu de la part de Gassendi, une erreur de mémoire, quand il a présenté le premier voyage d'Azubi à Aix, comme postérieur à celui de Kircher, puisque la date de notre lettre I met à l'abri de toute discussion le fait qu'Azubi était venu voir Peiresc environ six mois avant Kircher [2].

Je ne veux faire ressortir pour le moment des révélations que

---

[1] Le P. Brischar a raconté les singularités du voyage de Kircher, lorsqu'il quitta la France peu de temps après, et je crois devoir les résumer ici, tant parce qu'elles dépeignent bien les risques et les retards auxquels s'exposaient alors ceux qui avaient à faire des traversées même très courtes, et dont il se peut qu'Azubi ait eu à souffrir deux ans plus tard, — ce qui expliquerait dans une certaine mesure la lacune que nous allons rencontrer dans cette époque de sa vie, — que parce qu'elles montrent avec quelle ardeur s'employait Peiresc, quand les intérêts de la science lui paraissaient en jeu, pour mettre ceux qu'il avait jugés devoir faire la progresser à leur vraie place. Ces détails ne se trouvent d'ailleurs chez aucun autre biographe que je sache, pas même chez Gassendi, si attentif cependant à signaler les moindres faits qui sont à la louange de son illustre ami.

L'Empereur Ferdinand II, après avoir réorganisé l'université de Vienne, avait demandé à la Compagnie de Jésus de prendre dans la Capitale, ainsi que dans de nombreuses villes de ses Etats, la direction de collèges où l'enseignement, basé sur la pure doctrine catholique, serait donné par ses plus habiles professeurs. La Société n'avait rien à refuser à ce Souverain (la réciproque étant vraie), et sur une lettre spéciale de lui au P. Walter Mundbrot, Provincial de la Haute Allemagne, ce dernier manda Kircher à Vienne pour y professer les mathématiques. Contraint d'obéir, quoique occupé alors des grands travaux d'égyptologie dont les matériaux lui avaient été fournis par Peiresc, le R. Père alla voir celui-ci pour lui faire part de la mission qu'il recevait de ses supérieurs et prendre congé de lui, en se rendant à Marseille pour y prendre passage pour l'Italie, qu'il comptait traverser en suivant la route de terre jusqu'en Autriche. Peiresc, en apprenant cette nouvelle, éprouva, paraît-il, une véritable commotion. Il se promit bien de faire tout au monde pour que les fruits déjà acquis du travail qu'il avait fait commencer ne fussent point stérilisés au milieu des soins absorbants du professorat à Vienne, et pour que le rare talent du travailleur allât se produire sur le seul théâtre assez vaste pour lui. En attendant, Kircher était allé, au commencement de septembre 1633, s'embarquer pour Gênes. Il n'y arriva qu'après une traversée des plus pénibles et, après un repos obligé de deux semaines, il se remit en mer pour aller à Livourne et, une fois là, gagner Trieste. Mais le navire qui le portait fut poussé vers le Sud par une terrible tempête, dut aller chercher un refuge dans une île voisine de la Corse et, quand il appareilla de nouveau, les vents lui furent encore une fois contraires et il ne put aborder qu'à Civita Vecchia. Se trouvant en cette ville, Kircher considéra comme un devoir d'aller saluer à Rome les Pères de son Ordre. Qu'on juge de sa surprise quand ceux-ci, le recevant avec de grandes démonstrations de joie, lui dirent que les accidents qu'il venait d'éprouver sur mer étaient vraiment providentiels, puisqu'il se trouvait maintenant rendu à sa vraie destination, sans qu'il fût besoin de faire usage des lettres envoyées à tous les Supérieurs des maisons de la Société de Jésus dans les provinces qu'il devait traverser, pour qu'on le fit rebrousser chemin à son passage. Il apprit alors que Peiresc avait tant insisté auprès du général, le P. Vitelleschi, qu'il connaissait, et avait fait faire de si fortes représentations à Urbain VIII par son neveu le cardinal Barberini, que le Pape avait intercédé auprès de l'Empereur, pour le faire renoncer à avoir Kircher à Vienne, et qu'il avait été décidé qu'on le ferait venir à Rome. V. Brischar, *Athanasius Kircher*, p. 41-42.

nous apporte la première lettre de notre rabbin que deux choses :
d'abord l'« infortune » dont il se plaint, — ce qui prouve, malgré
les « faveurs » c'est-à-dire les libéralités dont il a été l'objet, qu'il
n'avait guère d'autres ressources que son modeste traitement et
certains accesssoires dont nous nous occuperons plus loin, et qu'il
avait de lourdes charges de famille ; — ensuite, le fait que Peiresc
le recevant chez lui et pour plus d'un jour, sans nul doute, à
Aix, où il n'y avait point de Juifs, je le suppose bien, il fallut
qu'il lui assurât, dans la maison même, les moyens de vivre sans
transgresser la moindre de ses obligations religieuses. Cette ré-
flexion donne lieu à un rapprochement involontaire avec ce qui
a été souvent raconté de notre temps, et qui cause tant de surprise aux non initiés, de la condescendance de la reine Victoria
envers le vénérable patriarche Sir Moses Montefiore, à qui elle
permettait, lorsqu'il était son invité, de se faire servir à la table
royale des mets préparés selon les rites israélites par un de ses
propres serviteurs. Mais, comme l'a dit mon collaborateur, —
sans penser, à coup sûr, que son expression s'appliquait d'une façon bien caractérisée à une circonstance qu'une grande partie de
mes lecteurs sait n'être rien moins qu'un détail négligeable, — en
fait de tolérance, Peiresc devançait son époque ; et les recomman-
dations d'ordre tout particulier que dut faire à ses domestiques,
pour la réception d'Azubi, l'illustre magistrat témoignent bien de
cette bonté extrême, de cette affabilité que les douleurs physiques
n'avaient pas le pouvoir d'altérer, et qui se lisaient sur sa figure
en même temps que la finesse d'esprit, d'après un ou deux des
nombreux portraits que nous avons de lui, si imparfaits qu'ils
soient tous au dire de Gassendi [1].

1633. — Nous voyons pendant presque toute l'année suivante,
d'après les lettres II et IV, Azubi s'employant activement pour
Peiresc, tantôt à cette transcription qu'il lui fait faire des tables

---

[1] « Tota facie eximiam præ se comitatem, et affabilitatem tulit : quanquam nullus
pictor ita foelix fuit, ut talem exhibuerit, qualis revera exstitit »... *Vita*, p. 208. —
Dans la collection du Cabinet des Estampes, sur les quinze pièces environ qui sont
inscrites comme portraits de Peiresc et qu'on peut rapporter à quatre ou cinq types
différents, la seule gravure de Claude Mellan, faite pour orner l'édition originale et
qui porte la date de 1637, mais qui est ajoutée à beaucoup d'exemplaires de la *Vita*
de 1655, offre un caractère marqué de ressemblance ; on le trouve aussi dans la
copie en réduction qui paraît en avoir été faite pour l'édition in-12 de 1651 et qui
est signée, dans la pièce de la Bibliothèque Nationale, mais point dans la vignette
du livre, « Gaywood, Londres, 1650 ». Le portrait par Van Dyck, gravé avec talent
par L. Worsterman, mais pitoyablement par d'autres, représente un homme encore
assez jeune et doit avoir été peint pendant le séjour de Peiresc à Rome. J'aime-
rais à savoir ce qu'est devenu le tableau original. Quant au buste qu'on voit au
Louvre dans la salle des Houdon, d'après Caffieri, c'est un Peiresc tout à fait de
convention, et, au point de vue historique, l'œuvre est absolument sans valeur.

astronomiques de Rabbi Immanuel, tantôt à la rédaction de mémoires sur des points d'archéologie sacrée pour l'éclaircissement desquels, sans doute, il demande avec instance que la carte de la Terre-Sainte publiée à Amsterdam lui soit procurée, tantôt à rassembler pour son protecteur les livres rares et les manuscrits en hébreu qu'il lui envoie, et à lui signaler, pour les manuscrits des Pentateuques arabe et samaritain qu'il possède déjà[1], les variantes qu'ils présentent par rapport aux textes canoniques ; il se fait même son mandataire pour les négociations parfois assez difficiles qui doivent le mettre en possession des objets d'antiquité profane destinés à enrichir son musée, et il se charge de lui faire tenir cette relation du vicaire de Mazan si abondante en expressions de piété chrétienne, dont il ne se scandalise nullement, lui dévot interprète de la loi de Moïse, ce qui n'est peut-être pas le moins curieux des traits de leur correspondance.

Mais les *iomîm nôrâim*, les « jours redoutables » sont arrivés, et les devoirs pastoraux de Rabbi Schelomoh le réclament : il les accomplit en écrivant une *Kappara* de plus de quarante pages dont une « assistance nombreuse, honneur du Roi[2], souverain de tous les monarques, le Saint, béni soit-il », vient écouter dans « l'école » de Carpentras, les diverses parties, les deux jours du Roch-Haschana, dont l'un était un samedi, et le soir du Kipour ; et il choisit pour thème le verset émouvant du Deutéronome (x, 12). « Et » maintenant, ô Israël ! ce que l'Eternel ton Dieu te demande » uniquement, c'est de révérer l'Eternel ton Dieu, de suivre en » tout ses voies, de l'aimer, de le servir de tout ton cœur et de » toute ton âme »[3].

Environ deux mois après, il se trouve à l'Ile-sur-Sorgue. Il y est venu assister à ses derniers moments l'un de ses amis les plus chers, Rabbi Ḥayim Juda Sègre, homme respecté et grand savant, fils de l'illustre rabbin feu Jacob Sègre, et qui rendit le dernier soupir le samedi à l'heure de la prière de l'après-midi ; le lende-

---

[1] Ces manuscrits avaient été envoyés à Peiresc, en 1629, par le religieux de l'ordre des Minimes, Théophile Minucci. V. *Vita*, p. 139.

[2] Proverbes, XiV, 28.

[3] כפרה שעשיתי בהיותי מכפר בק"ק קרפי' יע"א ׳בשני ימים של ראש השנה ושבת שבנתים וליל העשור משנת ה'ש'צ'ד' ליצירה ברוב עם הדרת מלך מלכי המלכים הקדוש ברוך הוא.

Mss. D., II, 120-141. — Je donne ici du verset ועתה ישראל רכ' textuellement la traduction de mon respectable ami le grand rabbin Lazare Wogue ; le savant traducteur du Pentateuque, l'auteur de l'*Histoire de l'Exegèse biblique* n'a évidemment pas sans motif sérieux pris le commencement de la période affirmativement, et non interrogativement comme l'ont fait les Septante, saint Jérôme et Luther.

main dimanche 12 de Kislev à l'office du soir, il prononce un sermon en souvenir du défunt [1].

1634. — Tout au commencement de l'année d'après, le samedi
néoménie de Schebat, sermon pour un mariage où l'époux avait
répudié sa première femme [2].

Vers ce temps-là, les occupations d'Azubi paraissent avoir été
nombreuses. Ce fut au point qu'à l'office des derniers jours de Pâque, il parla sur de simples notes, mentionnant en abrégé à défaut
de loisir, dit-il, les points qu'il voulait mettre sous un nouveau jour,
au lieu d'écrire son sermon entier à l'avance, ainsi qu'il en avait
l'habitude comme nous l'avons vu [3]. Quelles pouvaient être les occupations dont il s'agit, en dehors de celles que lui donnait Peiresc,
et de ses devoirs professionnels? Il y a dans mes manuscrits une
page qui projète sur cette question une remarquable lumière. Elle
montre que le rabbin de Carpentras remplissait à l'égard de ses fidèles, dans leurs transactions avec les chrétiens, un véritable rôle
de tabellion, mais de tabellion en quelque sorte préparatoire, les
obligations contractées devant témoins non juifs, en sa présence,
étant ultérieurement sanctionnées par ses soins, suivant les formes
juridiques. Et en effet, ce qu'on va lire a bien le caractère d'un
simple *memorandum*. Voici, quoi qu'il en soit, ce que j'ai trouvé
sur le recto de la feuille portant au verso l'inscription que j'ai re-
produite plus haut [4].

Toute la partie droite est blanche, à l'exception des mots דרוש
לחתן, (le mar.é en question étant, l'on s'en souvient, Rabbi Gad
de Lunel).

A gauche, en beaucoup plus gros caractères, et disposé ainsi
qu'il suit, on lit :

דרוש להספד דרשתיו בהמצאי בק"ק ליטלאט יע"א על פטירת ידידי [1]
נפשי ונכ' החכם הנעלה כמה"ר חיים יהודה סגרי נ"ע בן האלוף מוהר"ר
יעקב סגרי ז"ל נפטר ביום ש"ק בשעת המנחה ודרשתי בליל שמחרתו יום
ב' י"ב כסלו ה'ש'צ'ד' ליצירה.

Ibid., II, 226.

דרוש שדרשתי על חתן אטר גרש אשתו ראשונה ונשא אשה אחרת ביום [2]
שב"ק ר"ח שבט ה'ש'צ'ד'.

Ibid., II, 150 *b*.

מה שדרשתי בימים האחרונים של פסח הש"צד אשר לאפס פנאי איני [3]
כותב כי אם ראשי פרקים מהחדושים שחדשתי

Ibid., II, 185. — Comme ce sermon offre autant de développements que tous les
autres, il m'a fallu considérer איני comme mis pour לא הייתי. Car autrement, et en
prenant cet intitulé à la lettre et le verbe strictement au présent, il faudrait croire
que le prédicateur parlait chaque fois d'abondance et transcrivait ensuite de mémoire
ce qu'il avait dit, chose que l'examen d'ensemble de ses manuscrits rend tout à fait
invraisemblable.

[4] Page 16, note 2.

סראנשי באַרונין

לורין בוטאב

משה כהן

ג׳אן רמיקיאו גורדאן

ביאור גילייאמי מוראן

י׳ז מני׳ טנתן אליו בעד

יהונתן

חתימת סריון יהונתן

יחזיר אליו חתימת מארגון

ג׳אנין העיר מיניריבה או יעשה

אליו ביאור שדיה פרוע מהנז׳

פיירון בוג׳יר ואוריאש רודילין

קבל חלקו מכ׳ב מני׳ ודהוא חייב

באחריות ראם יקבל יותר מדהנז׳

יהיה בחצאין

Ce que je traduis, sauf les contradictions auxquelles je m'attends bien et sur lesquelles je ne chercherai pas à anticiper :

Franci (s) Baronin,
Lauren Boutau,
Moïse Cohen,
Jean et Miquiau Jourdan.

Déclaration de Guillaume(t) Morand, de 17 écus qu'il (?) lui a donnés pour compte de Jonathan.

La signature d'acquit [donnée par] Jonathan.

Il (?) lui rapportera la signature de Margon Janin [1] de la ville de Menerbe [2], ou il lui fera une déclaration comme quoi il a été payé par le susdit.

Féron Baugier et Urias Roudèlin a (*sic*) reçu sa part de 22 écus et il est tenu d'en donner caution et, s'il reçoit davantage du susnommé (?), ce sera à partager par moitié.

---

[1] Mes recherches pour savoir s'il y avait, à l'époque, un fonctionnaire d'un ordre quelconque ayant le titre de *Janin*, ou tout autre correspondant à l'hébreu ג׳אנין, sont demeurées infructueuses ; mais je persiste à penser que ce deuxième nom n'est pas un nom propre, qui exigerait à la suite, au lieu de l'état construit, l'ablatif de la question *Unde* : מעיר.

[2] Commune de 1,418 habitants qui fait partie aujourd'hui de l'arrondissement d'Apt, canton de Bonnieux ; mais ceux qui ont eu l'occasion de parcourir l'*Histoire de Provence* de César de Nostredame, savent qu'au temps de la Ligue, Menerbe était une place assez importante pour qu'il fallût en faire le siège en règle.

On voit donc que si Salomon Azubi n'était pas lui-même, comme le copiste des Tables astronomiques dont il parle, « un peu dans les affaires », — et cependant ses remercîments de la lettre IV, pour le gain de son procès, feraient croire tout l'opposé, — les affaires de ses coreligionnaires devaient parfois exiger beaucoup de son temps et de ses soins.

Vers la fin de juillet, il eut à consacrer successivement deux unions et à adresser aux fiancés, le samedi précédent, les allocutions habituelles, la première à un nommé Aser Vidal : on lisait ce jour-là la section *Vâethhanan* [1] ; la seconde, préparée pour un des jeunes rabbins ses adjoints, Sémah Dalpuget [2], fut, en raison de cette circonstance, l'objet de sa sollicitude particulière : pour faire honneur à son disciple, il la commença par la récitation d'un acrostiche composé à l'intention du futur [3].

La pièce non datée qui suit et qu'il faut forcément assigner, ainsi qu'on va le reconnaître, à la même année 1634, prouve qu'Azubi alla faire, entre le commencement d'août et les fêtes de septembre, un séjour très court, et dont rien qui s'y rapporte ne se rencontre parmi ses œuvres, dans les Etats du duc de Savoie ; séjour qu'il devient en quelque sorte matériellement impossible de confondre avec celui, sensiblement plus prolongé, qu'il y alla faire en 1636, et dont nous trouverons bientôt des traces certaines ; car alors, il avait quitté la France sans esprit de retour : sa lettre à Peiresc du 5 juin 1635 que nous publions à nouveau ne permet aucun doute à cet égard. Voilà pourquoi j'ai placé ici le sermon indiqué par notre auteur comme prononcé, le samedi intermédiaire entre le Nouvel-An et le Grand-Pardon, à l'Ile-sur-Sorgue,

---

[1] דרוש שדרשתי בנטוראי אטר. וידאל פר' ואתחנן משנת ט"צד
Mss. D., II, 171 *a*.

[2] *Ibid.*, 177 *b*.   דרוש לחתן עטיתיו בעד תלמידי צמח דלפורגינ

[3] Cette pièce, que je trouve, dans l'ensemble, inférieure à celle du même genre du temps de la jeunesse de l'auteur dont j'ai dit quelques mots, est d'un mètre tout différent, qui n'est pas non plus celui du morceau placé en tête des mss. G. Ici les vingt-six vers ne sont point monorimes, mais les hémistiches riment entre eux. Le texte a en marge plusieurs variantes de la main du poète. Il y a un vers surabondant, à part lequel l'acrostiche donne le nom d'Azubi sous la forme אֲנִי שְׁ־לֹמֹה בכמ"ר דה"ר יְהוֹדָה אֹזוּבִי חזק. Il se termine par une invocation au Très-Haut pour qu'il bénisse le fiancé, afin que celui-ci soit témoin de la splendeur prédite par Isaïe (la reconstruction du Temple); pour qu'il se souvienne en faveur des fidèles des mérites de leurs ancêtres justes et pieux et les sauve du péché; pour qu'il accueille leurs prières, et qu'il envoie enfin le Messie pour la Résurrection (ou « parmi les hommes », מתים ayant on le sait, un double sens).

חתננ' תברך אל עליה   ויזכה ל־חזות נועם ישעיה
זכות הורים קדושים ו־חסידים   זכור לנ' ופדנ' מ־עברים
קשוב נא את תפלתינ' אלהים   ושלח לנ' משיח לו במתים

à son « heureux retour du Piémont » [1], immédiatement avant celui, portant la date précise de 1634, que vinrent entendre vers le
mois de décembre, le samedi où fut lue la section *Miqqetz*, dans
l'une des trois Saintes *Qehilôth* du Comtat-Venaissin, — il ne
nous dit pas laquelle, — les personnes les plus considérables du
pays [2].

1635. — Il est d'autant plus difficile de conjecturer quels furent
les motifs qui le déterminèrent à émigrer environ six mois après,
que le fil conducteur suivi à travers le méandre de ses écrits, et
qui nous a tant servi jusqu'ici, échappe, pour un certain temps, à
nos mains. En effet, d'après sa lettre précitée, il avait pris toutes
ses dispositions pour s'embarquer à Marseille, avec les siens, vers
le mois de juillet, et nous ne le retrouvons qu'au printemps suivant,
en Piémont ; ce qui fait penser qu'il avait dû s'y rendre de Gênes,
par exemple, où aurait abordé le navire qui l'emmenait : à moins
que, changeant au dernier moment son itinéraire, il ait décidé de
se rendre de Carpentras à Turin par terre, comme il l'avait fait
lors de son précédent voyage, contrairement à ce qu'il avait écrit
à Peiresc. Cette dernière hypothèse est toutefois très hasardée, je
le reconnais.

1636. — De cette seconde tournée en Piémont, nous avons les
témoignages qui suivent :

Inscription non datée, mais relative à deux circonstances qui
ont nécessairement précédé et suivi de peu de jours, respective-
ment, les faits constatés par les deux inscriptions venant après,
qui ont une date.

Rabbi Schelomoh y annonce qu'il va écrire en abrégé ses sermons des samedis de la Parascha *Ssav* (précédant immédiatement
Pâques), à Turin, et de la Parascha *Messora* (qui se lit vers le
commencement de mai), à Coni [3].

Autre entête de sermon ainsi conçu : « Voici les points sur les-

---

[1] דרוש סדרשתי בק״ק ליטלאס יע״א בחזרתי בפיאמונט לשלום פר׳
האזינ׳

Mss. D., IV, 26.

[2] דרוש דרשתי בפרשת ויהי מקץ שנת הש״צה בפני אלופי וטרי מחוז
ריניסי

Mss. D., IV, 249 *a*. — Le dernier mot est inscrit ריסינן dans le *Catalogue* de
M. Schönblum ; et M. Steinschneider se demandait à très juste raison, en nous écrivant, où pouvait bien être ce *Recino* inconnu. L'examen du ms. met en dehors de
toute discussion la vraie leçon ריניסי que j'ai rétablie ; le développement des faits
que je viens d'exposer la rend d'ailleurs parfaitement concordante.

[3] הנני כותב הוא בקצור וריש מלין אומר מה סדרשתי בק״ק טורין
וקוניט יע״א

En marge : בטורין פר׳ צו Mss. D., II, 157 *a*.
Et plus loin : בקוני פר׳ מצורע *Ibid.*, 159 *b*.

» quels j'ai exposé mes vues personnelles dans mon *Derousch* du
» second jour de Pâque 5396 à Coni[1] ».

Autre en tête portant :

« Ci-après viennent les *Derouschim* que j'écris en abrégé et par
» rubriques de ceux[2] que j'ai prononcés à Coni », (en marge : septième jour de Pâques, 5396[3]).

Sermon du samedi après le jeûne d'Ab à Cunéo[4].

Sermon du samedi, section Eqèbh (celle de la semaine suivante),
à Cunéo également[5].

Sermon du 1er jour de Souccoth. Le lieu n'est pas indiqué, mais
il est probable que ce fut aussi Cunéo[6].

Un discours, qui suit celui-là à peu d'intervalle, paraît être de la
même époque. Il a pour sujet le passage du second livre de Samuel, XIII-39, XIV-23 et commence ainsi :

« J'ai jugé devoir m'appliquer à éclaircir le chapitre de la femme
» de Teqoah, c'est-à-dire à y rattacher certaines vues, qu'on ne
» rencontre pas dans le livre des Commentateurs, ce récit étant
» d'un grand prix et susceptible de nombreuses applications
» utiles »[7].

1637. — Près d'une année s'écoule sans que nous rencontrions
nulle part un vestige de la présence d'Azubi. Nous ne le revoyons
que vers la fin du mois d'août à Livourne.

Mais avant de parler de la pièce qui est ainsi datée, j'ai à en

---

[1] איזה דבר שחדסתי בדרושי של יום שני של פסח שצ"ו בקוני
Mss. D., II, 163. — Deux feuillets plus loin, le sermon prend la forme d'une allocution directe à un marié.

[2] Répartis probablement entre les services de la veille au soir, du matin et de
l'après-midi.

[3] פה נמשכים הדרושים שאני כותב בקצור ורים מלין מאותם שדרשתי
בקוני... יום שביעי של פסח הט"צו
L. c., III, 144. — L'homélie qui vient seize feuillets plus loin, dans le même volume, prouverait, quoi que j'en aie dit en commençant, qu'Azubi avait bien donné à
l'un de ses écrits le titre que j'ai contesté, à tort ou à raison, à l'ensemble de la collection de M. de Gunzburg. Après le thème, emprunté aux versets Nomb., VI, 23, sqq, il
commence ainsi : « Eh bien, voyez ! j'ai voulu écrire ici ce que j'ai jugé digne d'être
» ajouté comme nouveau, sur ces versets, à ce que j'ai déjà expliqué dans le livre
» *Faisceau d'Hyssope*... »
...הנה מא הוראלתי לכתוב נדה הזה נדת שזכתי לחדש בפסוקים אלו
נוסף על מה שכבר פי' בספר אגודת אזוב...
Ibid., III, 160.

[4] קונייו שבת נחמו הט"צו... Mention marginale, *l. c.*, III, 185.

[5] קונייו פר' עקב. Mention marginale, *l. c.*, III, 136.

[6] ביום ראשון של סוכות ה'ש'צ'ז' Mss. D., IV, 30.

[7] ראיתי ונתין אל לבי לבאר פרשת התקועית הייכ' לחדש בה דבר מה
שלא בא בספר הנפרשים בהיות הסתור ההוא יקר הערך ורב
התועלת. *Ibid.*, IV, 97. — Cf. *Catalogue Schönblum*, n° 16.

faire connaître deux autres qui doivent être contemporaines, à en juger par leur rang dans le même volume, et qui sont d'un assez grand intérêt.

La première se présente sous la forme d'un dialogue, sans préambule aucun, entre un chrétien, (*Hasschôèl*), émettant des affirmations basées sur les textes de l'Ancien Testament, et même sur ceux de ses interprètes juifs, qui impliquent, d'après lui, les dogmes de la Trinité, de la mission du Christ, etc., et un israélite (*Hamèschtbh*), qui le réfute. La controverse se poursuit pendant une quinzaine de pages. Je n'en citerai que le premier paragraphe :

Le Questionneur. — Dans *Berèschith barà élôhîm* (Gen., I, 4), *Elô-hîm*, Dieu, est au pluriel comme dans *haélôhîm haadirîm* (I, Samuel, IV, 8), et le sens caché de la Trinité se montre encore dans des passages semblables ; dans *bà élôhîm* (*ibid.*, IV, 7) c'est Dieu le père ; dans *rouah élôhîm*, (Gen., I, 2) l'esprit de Dieu, *rouah* est le Saint-Esprit et *élôhîm* est Dieu le fils. C'est certainement la Trinité, les trois (personnes) se ramenant à une substance unique ; et cela ressort même des termes de votre *Midrasch*, (qui dit) sur *verouah élôhîm merahéphéth* (Gen., l. c.), que *rouah* est l'esprit du Messie. Et ceci s'applique à Notre-Seigneur Jésus.

Celui qui répond [1]. . . . .

L'autre pièce consiste en un exposé de la doctrine juive sur divers points théologiques, qui avait été demandé à Azubi par un correspondant que nous ne connaissons pas [2]. Ce traité fait corps avec la lettre d'envoi suivante :

J'ai pris connaissance des paroles de mon Seigneur et maître [3] et du souvenir qu'il a de moi, dont il m'a fait part au moyen d'une précieuse lettre adressée au savant père Ardel [4], pour me demander

---

[1] השׂראל בראשׁית ברא אלהים לשׁון רבים . כמו האלהים האדירים . ועוד
רמז השׁלושׁ במות' בבא אלהים הוא האב . ורוח הוא הרוח . אלהים
הוא הבן הכי השׁלושׁ והכל שׁב אל עצם אחד . וכן נזכר בדברי רבותיכם
ורוח אלהים מרחפת זה רוחו שׁל משׁיח רזה נאמר על משׁיחנ' .
המשׁיב . . . .

Mss. D., IV, 132. — Cf. *Catalogue*, n° 16 fol. 130.

[2] Je doute que ce soit Peiresc, qui d'ailleurs avait cessé de vivre le 24 juin de la même année, mais il se peut que ce soit Kircher ou Plantavit de la Pause. Il n'y a guère, en somme, qu'un ecclésiastique qui ait pu se servir de l'intermédiaire de ce P. Ardel, sur qui je n'ai pu trouver aucun renseignement, à mon grand regret.

[3] Ou si l'on aime mieux, en traduisant littéralement אדון, *du Maître*, étant observé que l'une ou l'autre appellation ne tire pas plus à conséquence que l'*Eccellenza* des Italiens et le *Vuestra Merced* des Espagnols.

[4] Ou Arbel ; peut être aussi Ardil ou Arbil.

de lui faire connaître ma manière de voir, et ce que, nous autres Israélites, nous croyons relativement aux six dogmes suivants, à savoir :

1° La question de la Trinité[1] ;

2° La faute d'Adam, notre premier père, c'est-à-dire *(il) peccat(o) original(e)* ;

3° Les prières pour les morts ;

4° Les prières adressées aux saints ;

5° La résurrection des morts ;

6° L'obligation incombant à l'homme d'expier ses péchés dans un lieu spécial appelé *purgatorii,*

points sur lesquels, pour satisfaire son désir, je ne veux pas tarder de dévoiler ma pensée, suivant les enseignements qui m'ont été donnés de la loi céleste, et suivant ce que j'aurai trouvé dans les ouvrages des auteurs de notre nation, bien que ceux qui ont traité ces sujets soient peu nombreux. Et d'abord à l'égard de la Trinité je dirai...[2].

Nous voici maintenant revenus au document daté, dont nous parlions tout à l'heure. Il n'est que fragmentaire malheureusement, et ne comporte pas davantage que les deux derniers feuillets d'une consultation donnée par lettre, à ce qu'il semble, sur les diverses interprétations que peut recevoir le xxviii° chapitre du premier livre de Samuel, relatif à l'évocation demandée par Saül à la Pythonisse d'En Dor. La lettre conclut ainsi :

Et quant à toi qui me questionne, ou vous qui me questionnez, c'est à vous et non à moi de choisir celle de ces manières de voir qui vous paraîtra la meilleure. Et je prierai le Dieu, qui, par sa lumière propre, a fait apparaître la lumière, d'éclairer vos yeux de sa loi afin

---

[1] M. Schönblum avait lu הִשְׁלוּנִי, mot qui me donna bien de la tablature, jusqu'au moment où j'eus l'original sous les yeux.

[2] ראיתי דברי המזכרת האדון אשר שלח אלי תוך אגרת בישרירֿת
(sic) אל החכם האב ארדיל לשאול מאתי אורידעהו דעתי ואשר אנו בני
ישראל מאמינים בששה סעיפים הנמשכים והם
א) דבר השלוש
ב) חטא אדם הראשון היינו פיקאם אוריגינאל
ג) התפלה בעד המתים
ד) היישרת התפלה אל הקדושים
ה) תחיית המתים
ו) העונש המגיע לאדם לכפרת עונותיו במקום מיוחד נקרא
פורגאטורייי
אשר להפיק רצונו לא אחטיא מגלות דעתי כאשר מן השמים יורוני
וכאשר אמצא בדברי המחברים מאומרתנ' עם כי מעט אשר דברו
בענינים אלו
וראשונה על דבר השלוש אומר וכו'

Mss. D., IV, 140 *a.*

que, par elle, vous puissiez connaître, comprendre et enseigner, les
paroles de celui qui vous répond par respect, ici à Livourne, le
lundi 9 éloul 5397, l'humble Salomon Azubi [1].

1638. — Il nous faut retourner deux tomes en arrière pour
trouver la pièce qui suit dans l'ordre des dates, à un an de distance, et qui a pour suscription :

J'ai fait une oraison funèbre en apprenant la mauvaise nouvelle,
qui nous est parvenue de Jérusalem, la ville sainte — puisse-t-elle
être réédifiée et son éclat relevé, bientôt et sous nos yeux ! — de la
mort du savant parfait, le vénéré docteur Rabbi Juda Rozèlyo — que
son souvenir soit béni — qui enseigna la loi divine dans cette sainte
communauté, pendant douze ans, et ensuite s'en alla dans le pays
glorieux. Son départ eut lieu environ six ans avant que je vinsse
demeurer ici. Fin de l'année 5398 [2].

Nous avons ensuite, en continuant dans l'ordre adopté :
Un sermon dont le texte a pour manchette : « Premier jour de
souccoth 5399 » [3] ;
Un discours funèbre prononcé « le dimanche 19 *tebet* 5399, à la
» fin des 7 jours de deuil de la respectable Madame Rachel Mo-
» catta — que son âme repose en Paradis, — fille de l'homme dis-
» tingué et haut placé, du médecin illustre, le docteur Rabbi Moïse
» Qordoveiro, — que son créateur et sauveur le conserve ; —
» femme du savant remarquable et célèbre médecin, notre vé-
» néré maître Rabbi Isaac Moccata, — que son souvenir soit
» béni ; — sœur du savant excellent, le révéré Rabbi Isaac Qor-
» doveiro [4] ».

[1] ואתה הישואל או אתם הישראלים תבחרו לכם ולא אני איזה מהדעות
יטב לכם ואחלה לאל אשר באורו נראה אור יאיר עיניכ' בתורתו לדעת
להבין ולהורות בה דבר המשיב מפני הכבוד פה ליוורנ' יום טו"ב אלול
ה'ש'צ'ז'   הצעיר שלמה אזובי
    Ibid., IV, 147 *b.*

[2] הספד עשיתי על שמועה לא טובה באה אלינו מירושלם ע"ה תוב"ב
מפטירת החכם השלם כמוה"ר יהודה רוזילייו ז"ל אשר הרביץ תורה
בק"ק זה שנים עשר שנים ואחר כך הלך לו אל ארץ הצבי היתה
הליכתו כמו ששה שנים קודם בואי הנה לדור. — סוף שנת ה'ש'צ'ח'
Ibid., II, 229. — Les trois derniers mots sont, dans l'original, sur une ligne séparée.
Il y a donc eu intention de l'auteur de ne pas laisser place à l'équivoque qui naîtrait
si on rattachait la phrase à ce qui précède. Il en résulterait d'ailleurs qu'il ne
serait venu de fixer à Livourne qu'en août-septembre 1638 et cela n'est pas, puisqu'il s'y trouvait déjà en fonctions en Éloul de l'année 1637, comme nous venons
de le voir.

[3]   *Ibid.*, IV, 171.   יום א' של סוכות ה'ש'צ'ט'

[4] הספד עשיתי ביום א' י"ט טבת ה'ש'צ'ט' בתשלום השבעה ימים
לפטירת הנכבדת מרת רחל מוקאטה נב"ת בת הגביר נשא וזרומם

1639. — Un nouveau sermon de commémoration pour la même dame à l'expiration des 30 jours écoulés depuis son décès, le samedi de la section *Iithrô*, 12 de schebhat 5399 [1].

Un autre sermon pour la fin de l'année de deuil de « l'honorable Abraham Israël Peña [2] doit être de la même époque ; et rappelons que c'est aussi celle où Azubi écrivait les deux dernières de ses poésies à la louange du *Thesaurus synonymicus* de Jean Plantavit de la Pause [3]. C'est ici le lieu de faire observer qu'il était très vraisemblablement en relations avec les autres savants juifs en renom qui ont envoyé des contributions du même genre pour le *Planta vitis*, dont cet ouvrage nous a conservé les noms, et qui sont, outre Juda Léon de Modène déjà nommé : Elie Mazàl Tôbh, fils de Benjamin David Elisée de Modène, rabbin de Vignola, dans l'Emilie ; Abraham Yedidiah Schalit, rabbin de Pérouse ; Isaac de Padoue, rabbin à Rome ; Jacob fils de Moïse Senior, rabbin de Pise ; Mardochée Harizi de Cracovie, rabbin de Prague ; et enfin Samuel Qorphi de Salonique, rabbin de Klagenfurth.

1640. — Discours dont le texte porte en marge : « Veille de Néoménie de kislèv, 5401 [4] ».

Commémorations aux septième et trentième jours de deuil du digne Jacob de Campos [5], aux trentièmes de l'honoré Abraham de Modène [6] et de Moïse Ergas [7].

הרופא הנכבדהק הר"ר משה קורדוווירו יצ"ו אשת החכם המרומם הרופא הנכב' כמה"ר יצחק מוקאטה ז"ל אחות הנעלה כמה"ר יעקב קורדיווירו נ"ה

Ibid., II, 234.

[1] הספד עשיתי בפרשת יתרו בתשלום חדש הנאשרת מרת רחל מוקאטה נב"ת ר"ב שבט ה'ש'צ'ט' ליצירה

Ibid., II, 239.

[2]   *Ibid.*, II, 244.   בתשלום שנת הכ' אברהם ישראל פיניא נ'ע

[3] Cet ancien disciple d'Azubi, qui mourut douze ans plus tard, fut sans contredit l'hébraïsant non juif le plus profond, après Buxtorf le père, des siècles qui ont précédé le nôtre. Son souvenir était encore bien vivant en 1708 : le *Mercure Galant* d'avril de cette année-là contient une correspondance de Béziers du 18 mars, où il est rendu compte de la mort d'un de ses petits neveux, Théophile-François de Plantavit de la Pause, seigneur de Margon et de Ribeyrac, — lequel vécut cent ans « sans avoir jamais esté ny saigné ny purgé », — et où est donnée la généalogie de la famille. Il y est dit, en parlant de l'évêque de Lodève, que « ce grand homme... parloit facilement huit langues et en entendoit seize ». Il portait dans ses armes, qui sont empreintes sur les plats de beaucoup d'exemplaires de ses trois grands recueils, une colombe tenant au bec un rameau d'olivier et placée sur l'arche. Juda Léon a curieusement consigné le fait dans un sonnet où l'un des vers se termine par :

וחותמו כתבת נח

[4]   *Ibid.*, IV, 200.   ערב ר"ח כסלו ת"א.

[5]   *Ibid.*, IV, 225-226.   ביום ז' להרם' יעקב דקאמפוס.

[6]   *Ibid.*, IV, 230 a.   בתשלום החדש לההר' אברהם דמדינה נ"ע.

[7]   *Ibid.*, 230 b.   .....לההר' משה אירגאט נ"ע.

1641. — Le morceau qui va suivre, dont les hébraïsants avaient déjà pu estimer le prix par ce qu'en dit le rédacteur du *Catalogue d'une collection Anconienne*, se rattache à un drame sinistre sur les péripéties duquel j'ai cherché sans succès à avoir des détails [1] authentiques ; et cependant ils existent bien certainement, mais ils dorment sous la poussière de quelque collection d'archives publiques ou particulières. Toutes sortes de raisons, de l'exposé desquelles je ne fatiguerai pas le lecteur, font que je ne puis me dispenser de donner ici le commencement de l'oraison funèbre consacrée par notre auteur au malheureux Israélite qui, vers le printemps de l'année 1640, fut condamné au bûcher, à titre de relaps ainsi qu'on le verra, par le Saint-Office de Rome.

Elle a pour entête :

« *Haspèd*, prononcé à la fin de l'année de la mise au sépulcre » — [et lors de l'érection dans le cimetière juif de la pierre tom- » bale]—d'Abraham Del Porto, qui fut brûlé à Rome pour la sanc- » tification du Nom Béni. Cette commémoration eut lieu ici, à » Livourne, le 20 d'Adar 5401. »

Après avoir pris pour thème la plus grande partie du passage de l'Exode xxxv, 1-3, « (Moïse rassembla) toute la communauté » des enfants d'Israël en leur disant : Telles sont les choses que » Jéhovah [2] a ordonné d'exécuter, etc. », auquel il fait subir une légère interversion, l'orateur entre ainsi en matière :

Ce n'est certainement pas de mon propre mouvement que je me présente à vous dans ce saint lieu, pour prononcer ces paroles; mais c'est par suite d'une injonction des administrateurs (du temporel de la communauté), de me trouver ici, et d'y prêcher pour le bout de l'an du défunt dont il s'agit.

Et voilà ce qui m'a conduit à adopter l'ordre suivant lequel j'ai rangé les différentes parties de mon thème : les mots sur lesquels je vais parler d'abord, *Telles sont les choses, etc.*, je ne les ai pas mis les premiers de ma propre inspiration, mais parce que dans *Dieu a or-donné (Tsivâh Adonaï)* il y a un langage de commandement (tel que celui de) Messieurs les administrateurs m'ordonnant de prêcher en ce moment même; et encore, (il y a cette similitude) que *Tsivâh* est au singulier et *Adonaï* est une forme plurielle : cela s'applique au fait que l'un d'entre eux, c'est-à-dire le Président a donné son ordre au nom de tout le reste des membres du conseil d'administration.

---

[1] Les estimables travaux, mettant au jour de précieux originaux relatifs à la con-dition des Juifs dans les Etats Romains et le reste de l'Italie, qu'ont publiés dans la *Revue des Etudes Juives*, MM. A. Bertolotti (II, 278), Perugini (III, 94), Luttes (V, 219) et Dejob portent principalement, comme par un fait exprès pour moi, sur des époques antérieures ou postérieures à celle qui m'occupe.

[2] Lu *Adonaï*, bien entendu.

Eh bien ! cette commémoration de ce glorieux (martyr) est une chose à la fois convenable et digne d'approbation, belle et acceptable ; tellement que si l'on demandait l'avis de la communauté entière, tous ceux en présence desquels la question serait posée seraient unanimement d'accord (pour déclarer) qu'il est important d'accomplir cette chose, comme si elle était de prescription divine, ce à quoi il est fait allusion par la seconde partie (de notre thème) *toute l'assemblée des enfants d'Israël*, si on les consultait en leur disant : Est-il convenable d'accomplir cette cérémonie de deuil ? Tous répondraient d'une seule et même voix : Que c'est une des *choses que l'Éternel a ordonné d'exécuter*.

Et puisqu'il en est ainsi, nous allons maintenant exprimer, au sujet des mérites de ce défunt, qu'ils sont grands par leur éclat, s'ils ne le sont point par leur nombre ; car vraiment, par l'action qu'il a faite de se livrer à la mort plutôt que de blasphémer le nom de son Saint Béni soit-il, — et ce n'était pas seulement la mort pure et simple, mais la plus cruelle de toutes, qui est le supplice du feu, — il tombe sous le sens que cet homme accompli est évidemment comparable à notre père Abraham (refusant le culte aux idoles et jeté dans les flammes d'où il sortit sain et sauf) à Ur en Chaldée [1] à Hanania Michaël et Azaria dans la fournaise ardente, et qu'à plus forte raison, on peut l'égaler à Daniel dans la fosse aux lions et aux dix martyrs de l'empire romain [2], car, lui comme eux, ils ont sanctifié le nom céleste en présence de tous.

C'est pourquoi je n'ai pas besoin d'exalter la grandeur de l'acte de ce saint homme, car il est (d'ores et déjà) grand chez les Juifs, et estimé à sa valeur aux yeux de tout Israël.

En réalité, ce que j'ai voulu mettre en lumière dans mon discours actuel, c'est que, suivant ce que j'ai entendu dire par les proches de cet homme accompli, pendant une grande partie de son existence,

---

[1] Selon la légende, notamment selon le Targum dit Pseudo Jonathan sur Gen., XI, 29. — M. James Darmesteter a très savamment fait ressortir, il y a peu de temps, le parallèle qui existe entre les formes éranienne et touranienne d'une légende connexe à celle dont nous parlons et la forme qu'elle a prise en arabe. Dans le passage de Tabari qu'il a reproduit à cette occasion, il est dit que Nemrod, « confus de voir « Abraham mettre à mal ses idoles et échapper par la protection de Dieu au feu du « bûcher », voulut aller frapper ce Dieu en lançant trois flèches contre le ciel. — Voir *La Flèche de Nemrod en Perse et en Chine*, dans le *Journal Asiatique*, 8e série, V. 222.

[2] Les détails des supplices qu'ont soufferts les *'Assârâh Haroughè Meloukhâh* (aliàs *Malkhoûth*), dont le plus illustre était Rabbi Aqibhah, sont bien connus et quasi populaires chez nous, puisque deux récits qui y sont relatifs font partie de notre Rituel (dernières *Selihoth* de la veille du Rosch Haschana et de l'office de l'après-midi du Kipour). Je rappellerai seulement que les faits se sont passés à l'époque où Hadrien, appelé en Palestine par la révolte de Bar-Coziba, fit périr des milliers de Juifs, après le succès militaire qui mit fin à cette insurrection : la prise de Better. Dans l'important article sur cette ville de *La Géographie du Talmud* de M. Neubauer (Paris, 1868, grand in-8°, p. 103-114), on trouvera l'énumération de toutes les sources, talmudiques ou midraschiques, qui mentionnent le sanglant épisode auquel Azubi fait allusion.

quand il était soit en Espagne, soit en France, il fut fortement atta-
ché à la foi chrétienne, comme jugeant qu'elle était la seule véritable ; plus tard, vers la fin de sa vie, la crainte de Dieu toucha son
cœur et il revint à la religion juive.

הספד נעשה בתשלום שמא הנבדיד אברהם דיל פורטו הנשרף ברומה
על קדוש שמו ית' נעשה ההספד פה ליוורכ' ב"ך אדר הת"א.

אלה הדברים אשר צוה ה'. — את כל עדרת בני ישראל ויאמר אליהם
אלה הדברים אשר צוה ה' לעשות אותם.

הנה התייצבו במקום קדוש זה לדבר דברי אלה לא מלבי הוא כי
אם צורי הפרנסים הוא אלי להתייצב פה ולדרוש בתשלום הנפטר הזה.
וזהו המכוון אצלי בחלוקת ראשונה מהנושה אלה הדברים שאני לדבר
לא מלבי היו כי אם צוה אדוני בקריאתו לשון אדנות הם הפרנסים
לדרוש בעצם היום הזה ומ"ש צוה לשון יחיד ואדוני לשון רבים הוא
כי הוא' ורהוא הפריסידנטי[1] צוה ע"פ כל שאר הפרנסים.

והנה דבר ההספד הזה על זה הנכבד הוא כ"כ הגון וראוי נאה
ומתקבל עד שאם היו שואלים את פי כל העדה כלם מסכימים פה
אחד שנכון הדבר לעשותו כאלו היתה מצורת אלהירת וזהו הנרמז
בחלוקה ב' את כל עדרת בני ישראל ישאלו ויאמר אליהם אם ראוי
לעשות ההספד הזה כלם יענו בפה אחד כי הוא מהדברים אשר
צוה ה' לעשות אותם.

ומאחר שכן הוא נבא מעתה לספר בשבחי הנפטר הזה כי רבים
הם ביכות אם לא בכמות כי באמת בפעל הזה אשר עשה למסור
עצמו למיתה לבלתי חלל את שם קדשו ית' ולא למיתה קלה כי אם
הקשה שבכולן והיא השרפה ממט כי בודאי ישרת השלם הזה לא"א
באור כשדים לחמ"וע בגו אתון נורא ומכ"ט שידמה לדניאל בגוב
האריות ולעשרת הרוגי מלוכה כי כמוהו כמותם קדשו את שם
שמים בפרסיא (sic).

ולכן אין לנו צורך להגדיל מעלת הפועל הקדוט הזה כי גדול הוא
ליהודים ורצוי בעיני כל ישראל.

האמנם מה שרצתי לחקור בדרושי בעצם היום הזה הוא כי כפי
הנשמע אלי מקרובי השלם הזה הוא כי רוב ימי חייו הן בהיותו בספרד
הן בהיותו בצרפת היה אדוק מאד באמונת הנוצרים לחשבו שהיא היא
האמיתית ואין זולתה ואח"כ נגע יראת אלהים בלבו ושב לאמונת
היהודים[2].

9 — Nous avons ensuite, probablement de la même année, deux
discours des trentièmes jours de deuil de Jacob Franco[3] et d'Abraham Franco Albuqerque[4] ; un peu plus loin, une sorte de témoignage qu'Azubi a pu se trouver, dès 1641, à Florence où nous le

[1] En italien *Il Presidente.*
[2] Mss. D., IV, 287.
[3] *Ibid.*, IV, 260.
[4] *Ibid.*, IV, 281.

ל' לנכבד יעקב פראנ'.
לאברהם פראנקו אלבוקירקי.

reverrons six ans après [1] ; et, enfin, au bas d'un sermon, qui ne
paraît nullement d'ailleurs rouler sur la philosophie pure, la curieuse inscription que voici, en hébreu et en italien :

תכלית   פועל   צורה   חומר
Fine   Fattore   Forma   Materia
Filosofia de picol[n]1 (?)
P[te] p[ma] pag : 6 :

d'une écriture qui n'est pas la sienne [2].

1642. — La série des pièces datées reprend maintenant et se
poursuit, jusqu'à la fin, à peu près sans interruption. Nous avons
ainsi :

Trois sermons, très courts, prononcés, d'après les manchettes,
les veilles de Néoménie de Schebhat [3], d'Adar [4], et de Veadar [5]
5402.

Un discours beaucoup plus solennel et qui consacre le souvenir
d'un événement intéressant de l'histoire des Juifs livournais. Il a
pour entête :

« J'ai fait un *derousch* le premier jour de Schebouoth 5402, le
» matin avant la sortie des Rouleaux de la Loi, au sujet de l'édifi-
» cation de la synagogue. Et telles ont été mes paroles » [6].

Un autre, pour la fête du Nouvel-An qui tombait un samedi, de
la même année civile [7].

1644. — Un autre pour la même fête, qui tombait encore le samedi cette fois-là [8].

1645. — Un *haspèd* du trentième jour de deuil d'Abraham Car-

---

[1] Je veux parler d'une feuille double qui a servi à envelopper une lettre dont les
plis usés très apparents montrent qu'elle a été longtemps portée dans la poche. La
feuille, déchirée dans l'un des coins et doublée à cet endroit, contient, à l'intérieur,
une allocution de deux pages sans lacune. Extérieurement, on lit par transparence
sous la doublure, sauf pour le dernier mot:

« …Al Sig[e] mio oss[mo] Il S.
…..Diovogly…
Firenze »

d'une écriture très hardie et très belle. — *Ibid.*, IV, 269.

[2] *Ibid.*, IV, 274.

[3] *Ibid.*, IV, 211 *b.*   ערב ר"ח שבט ת"ב

[4] *Ibid.*, IV, 212 *b.*   ערב ר"ח אדר ת"ב

[5] *Ibid.*, IV, 213 *b.*   ערב ר"ח ואדר ת"ב

[6] דרשתי ביום א' של שבועות הת"ב בבוקר קודם הוצאת ס"ת על ענין
בנין בת הכנסת וכה היו דברי
Ibid., I, 246 *b.*

[7] *Ibid.*, III, 204.   ר"ה ושבת בנתים שנת הת"ג.

[8] *Ibid.*, V, 66.   ר"ה הה"ח" ושבת שבנתים מא שדרשתי בהם.

doso, tout-à-fait sur le déclin de l'année, peut-être même au commencement de 1646 [1].

C'est cette commémoration qui a été écrite sur les feuillets restés blancs de l'enveloppe dont j'ai parlé en commençant [2] et qui porte l'adresse : « Au très Illustre et excellent mon très vénéré seigneur Salomon Ezubi à Livourne ». Cette dernière indication de ville est donc pour nous un précieux point de repère. Il y a, du reste, dans le même volume, deux autres cas analogues de ces singulières inscriptions, en langue vulgaire, et ce qu'il faut faire remarquer, c'est que ces deux dernières ne sont pas en toscan plus ou moins pur, comme les précédentes, mais qu'elles sont écrites dans la langue mélangée d'espagnol, que s'étaient créée, dans presque tous les pays européens, les Juifs d'Espagne réfugiés, et qui s'est si longtemps maintenue et se maintient même parfois encore.

En effet, un fragment d'adresse de lettre qui se trouve au dos d'un sermon sur la section *Vaethanan* porte :

Muy Mag⁰ˢ Isʳᵉˢ mios. oss^{mos} [3]
(Muy magistros illustres mios osservandissimos),

amalgame étrange d'espagnol et d'italien, et un un peu plus loin, au dos d'une dissertation sur un texte du Cantique des Cantiques, on trouve ces mots, du même idiome, d'une écriture remarquablement belle et qui ne se retrouve pas ailleurs :

Al muy mag^{co} Sigʳ. Giorgi' de
Quadros mi signʳ.
En Marcilla [4].

Je suppose que ce George de Quadros de Marseille, probablement juif malgré son prénom, était un des correspondants d'Azubi et que, demandant à celui-ci une consultation théologique ou exégétique sur un point qui lui avait été soumis à lui-même, il lui aura envoyé la lettre originale qu'il avait reçue.

1647. — Tout ce qui se rapporte à l'année 1647, qui est la dernière dont nous puissions parler, se trouve concentré dans un assez petit nombre de pages de notre troisième tome; ce ne sont d'ailleurs que des commémorations, faites à divers anniversaires, des

---

[1] *Ibid.*, 192 *a*..　ביום הל' להר' אברהם קארדוזו נ'ע כ'ח טבת ה'חו
[2] Page 7, note 1. Mss. D., 195 *b*.
[3] *Ibid.*, III, 198 *b*.
[4] *Ibid.*, III, 228.

défunts Mocatta[1], Manurro[2] et Valansi[3]. Mais l'intitulé d'un autre de ses discours soulève l'importante question que voici :

Etant donné qu'Azubi a écrit en marge du *derousch* :

« Pour la fin des sept jours de deuil de l'honoré Qœrdoveiro — » que son souvenir soit béni — dans la sainte communauté de Flo- » rence, en 5407.[4] », on est contraint de se demander si, cette année-là, il n'était venu que temporairement dans la ville des Médicis, ou bien si, depuis un certain temps déjà, il avait passé du rabbinat de Livourne à celui de Florence.

La solution de ce problème, par l'énoncé duquel je termine cette trop longue notice, sera peut-être donnée par l'enquête de laquelle M. le rabbin Elie Benamozegh a la bonté de s'occuper pour moi à Livourne, au moment même où j'écris ces lignes. J'en ferai connaître les résultats dans un appendice spécial, si toutefois elle en produit sur ce point particulier (comme sur les derniers événements de l'existence et sur l'époque de la mort de Rabbi Schelomoh, qui restent pour nous, jusqu'ici, lettre absolument close), et s'ils me parviennent à temps.

Peut-être aussi cette solution dépend-elle de l'étude méthodique et page à page de mes manuscrits, qui est réservée, je l'ai dit, à un plus habile que moi, ayant par surcroît la libre et entière disposition de son temps.

JULES DUKAS.

P. S. A peine venais-je de signer ce qui précède que je recevais de M. Benamozegh une longue et très intéressante lettre, donnant à ma demande d'informations toute la satisfaction possible. Si je ne la publie pas tout entière avec les précieux détails qu'elle contient sur l'organisation de l'ancienne communauté de Livourne, sur ses Archives embrassant tout le XVIIe siècle et au delà, et sur

---

[1] בתשלום ל' לרמ/ מוקאטה נ'ע יו' טבת הת'ז' *Ibid.*, III, 182. — בתשלום
השנה לרמ/ מוקאטה יד' תשרי הת'ח. *Ibid.*, 170. Ce dernier Mocatta ne peut nécessairement pas être le même que le premier. Il faudrait onze mois de distance entre les deux discours et ici, supposant même 5408 embolismique, on n'en trouve pas tout à fait dix. A moins toutefois qu'il ait été d'usage alors de considérer comme תשל' דש', la fin du onzième mois depuis le décès, comme nous faisons actuellement pour le temps de l'*Ebhel*.

[2] בתשלום הנכ' יעקב מאנוררו נ'ע. *Ibid.*, 172.

[3] בתשלום החדש להרמ' ואלאנשי נ'ע. *Ibid.*, 177.

[4] בתשלום הז' להרמ' קירדוויירו ז'ל בק'ק פיריינצה הת'ז. *Ibid.*, III, 174.

les fâcheuses lacunes qu'elles présentent au point de vue de notre sujet, c'est bien de dessein formé. En effet, le respectable successeur de notre « correspondant de Peiresc » me dit vouloir continuer ses investigations, en les poussant, même jusqu'à Pise où il pense que les registres manquant à Livourne pourraient bien se trouver; et alors je suis d'avis qu'il vaut mieux lui réserver tous ses éléments, ceux qu'il possède déjà et dont il a bien voulu me faire part, ceux qu'il trouvera dans la suite, je l'espère ardemment, et ceux que lui fourniront divers passages de ma notice qu'il ne connaît pas encore, afin qu'il coordonne le tout en un travail distinct qui sera ainsi bien mieux goûté du public spécial à qui nous nous adressons lui et moi.

Mais trois de ses indications ont obligatoirement leur place ici.

1° Jehuda Rozèlyo, l'un des prédécesseurs d'Azubi dont il est parlé plus haut, était originaire de Fez. Un de ses parents, venu également de la même ville, « Isaac de Yeuda Rozeglio (*sic*) », est inscrit au registre des naturalisations, c'est-à-dire des admissions au nombre des Juifs de Livourne, que le Conseil des notables, le *Maamad* des *Parnassim*, avait reçu des grands ducs de Toscane le pouvoir de concéder, à la date du 1er janvier 1616; et notre Jehuda y figure sous la désignation « Jehuda d'Abraham Roselho » (*sic*), à la date du 2 juillet 1619.

2° Salomon Azubi ne crut pas devoir, apparemment, se faire décerner la même prérogative. Le Registre, compulsé avec le plus grand soin, ne contient pas son nom.

Sur le Registre des décès, M. Benamozegh a trouvé inscrit, parmi les noms des Israélites de la ville qui sont morts le 4 septembre 1645, celui d'un « Salom Asaubi »; quand même cette orthographe insolite, quand même l'omission de tout titre honorifique à la suite du nom, ne feraient pas naître des doutes sérieux sur l'affirmation que cette mention pourrait se rapporter à notre auteur, l'impossibilité absolue du fait est surabondamment démontrée par les divers documents, portant des dates postérieures à 1645, et émanant certainement de lui, que nous avons mis au jour. Des événements des dernières années de sa vie, de la date de sa mort, il faut donc continuer à dire, comme de beaucoup d'autres choses de l'histoire: le nuage qui les couvre n'est toujours pas dissipé, *Stat umbra*.

3° Par une remarquable coïncidence, le jour même de la mort de ce quasi-homonyme, 4 septembre 1645, la naturalisation fut octroyée, ainsi que M. Benamozegh l'a constaté sur le Registre *ad hoc*, à « Joseph de Jeuda Asubi de Sophie ». — On voit que cette fois le nom est correctement orthographié. — Nous avons prouvé plus haut, sans réplique, je crois, que ce Joseph, auquel le *Bâyith Néemân* doit la lumière, n'est autre que le propre frère de notre Rabbi Schelomoh ; seulement, c'est peut-être à tort que nous l'avons supposé établi à Venise, vingt-quatre ans auparavant.

J. D.

LETTRES D'AZUBI A PEIRESC

I

Monsieur,

A Dieu ne plaise que l'oubly aye ce pouvoir sur moy de me faire passer de la memoyre l'honneur et les faueurs que sans mérite mien, vostre courtoisie a prodigué en moy, dans vostre maison à Aix ; mais mon infortune me priuant des occasions de vous baiser treshumblement les mains, m'a faict differer jusques a present de m'acquicter de ceste partie de mon debuoir, que treuuant la commodité de Monsieur de Montdevergues[1] ay osé le prier me faire la faueur que par son moyen mes très-humbles supplications vous feussent presentées, et ensemble la responce de vos memoyres que j'apporta de vostre part sçauoir est *des monoyes anciennes que les Juifs se seruoient d'un cicle en bas*[2] n'ayant faicte la réduction aux monoyes de nostre temps, la laissant au jugement de vostre capacité, comme aussi du lieu ou le grand Pontife reposoit l'encensoir dans le Sancta Sanctorum, tant au premier qu'au second Temples, et de mesmes le temps, et les fruits qu'on offroit aux prémices, et encor la façon *des vases*

---

[1] Jérôme Lopez de Montdevergues, qui habitait Avignon, était un parent et un correspondant de Peiresc. Il eut de Jeanne de Perussis-Lauris un fils qui devint célèbre sous le titre de marquis de Montdevergues, et qui fut amiral des mers des Indes orientales. Voir, sur la famille Lopez de Montdevergues, le *Dictionnaire* déjà cité du Dr Barjavel (t. II, p. 123-125).

[2] Azubi doit vouloir désigner par là le sicle ordinaire, par opposition au sicle du sanctuaire. On sait que la détermination du poids et de la valeur de l'un et de l'autre est une des questions les plus ardues de la métrologie et de la numismatique anciennes. V. Gesenius, *Thesaurus*, v° שֶׁקֶל.   J. D.

qu'on recepuoit le sang des sacrifices, et les couleurs des drapeaux
que les douze tributz portoient au desert auec les armes de chasque
enseigne, ainsy que vous plairra voir en l'incluse memoyre, Et si
v^re Seig^rie a quelque aultre doubte, je la supplie se seruir de son treshumble seruiteur pour l'esclaircissement du tout, car je laisseray
tout pour luy satisfaire. J'ay apresté pour vous mander le *Selsellet
acabala*, qui traicte *de la Cronologie* de la tradition, manuscript sur
de velin qu'a esté composé *feust enuiron 430 ans par Rabby Abraham
Bardauid*[1], contenant la tradition de la loy par cœur[2] despuis Moyse
siecle apres siecle jusques au temps de l'autheur, comme aussy je
vous manderay vn petit libure intitulé : *Othioth Rabby Achiua*, et si
bien est petit en volume il est grand en soy ; car il traicte de secretz et
moralités *sur les vingt deux lettres de l'Alphabeth*, composé par Rabby
Achiua qui viuoit au second siecle apres la destruction de Hierusa-
lem qu'a enuiron *1500 ans, et feust martirisé par Adrian l'Empereur*[3].
Vn aultre libure encores traictant sur le stil du Talmud, rapportant
touz les autheurs dud. Talmud siecle par siecle[4]. Si j'eusse treuué la

---

[1] Abraham ben David Lévi l'Ancien, de la famille Ben Diôr, vivait vers le milieu
du xiie siècle, sous Alphonse X, duquel il a parlé dans un de ses écrits. Il était de
Tolède, où il périt dans les supplices, lors d'une persécution religieuse que les Juifs
eurent à subir vers ce temps-là. Ce dût être postérieurement à 1161, mais on ignore
l'année précise de sa mort. Azubi, en fixant à l'an 1200 environ la composition de
son livre le plus connu, semble avoir pris un chiffre beaucoup trop fort. Notre rabbin
aurait aussi commis, paraît-il, en rapportant le titre de l'ouvrage, — ce qui est
étonnant, puisqu'il l'avait entre les mains, — un lapsus pareil à celui que Wolff
(*Bib. heb.*, I, 40, not. *p*) reprochait plus tard à Basnage : il aurait confondu le
Séfér Haqqabâlâh d'Abraham ben Diôr avec le *Schalschéleth Haqqabâlâh*, qui est
aussi une liste chronologique des docteurs juifs depuis l'antiquité la plus reculée jusqu'aux temps modernes ; mais l'auteur, Gedaliah ben Josèf Iahia, était d'une famille
portugaise établie à Imola où il naquit l'an 1500, et son livre, beaucoup plus développé
que celui de Râbad (רא"בד), parut à Venise chez Jean de Gara, 1587, in-4°. La
Bibliotheca hebræa énumère toutes les éditions (texte hébraïque seul ou avec traduction latine) qui furent données du ספר הקבלה, depuis celle de Mantoue, 1514,
in–4°, jusqu'à celle de Vienne, 1711, in-8°. Mais quant au manuscrit sur vélin
envoyé à Peiresc, il y aurait grand intérêt à savoir ce qu'il est devenu, surtout s'il
était complet, comme il y a apparence, puisque les traductions commentées de Sébas-
tien Munster, de Genebrard et de Haeslein (*Lepusculus*) ont toutes été données,
selon Wolff, sur des manuscrits plus ou moins défectueux.   J. D.

[2] Azubi entend par là la loi qui s'est transmise oralement, *Tôrah scheb'al péh*,
c'est-à-dire le Talmud, qui n'a été écrit, comme on sait, qu'à une époque relativement
récente.   J. D.

[3] En ce qui touche l'attribution à Aqibah, dont la réalité est très controversable,
Azubi se fait l'écho d'une pure tradition. L'opuscule est bien un recueil de médi-
tations cabalistiques sur chacune des lettres de l'hébreu, — סורות על כל אות
ואות dit le *Siphthè Yeschènîm*. — La première édition est de Constantinople, et
Wolff dit l'avoir vue chez David Oppenheimer, mais sans en donner la date ; il y en
a eu une à Venise chez Marc. Ant. Giustiniani en 1546, et une à Cracovie en 1579
avec des additions. Ce ne serait, d'après Schabtaï, qu'un extrait d'un plus grand
ouvrage.   J. D.

[4] Il s'agit, comme cela est spécifié plus loin, du שארית יוסף, le Reliquat de
Joseph, de Rabbi Joseph ben Virga, duquel la *Bibliotheca hebræa* ne sait rien, si ce

commodité asseurée je le eusse enuoyez, mais ce sera bientost
Dieu aydant à la premiere occasion. *Les Tables Astronomiques les ay
données pour coppier* a un qui se treuve par malheur vn peu dans les
affaires ce qui cause de la longueur, mais je tiendray la main qu'il
les parfaira au plustost, que je continueray mes importunes re-
questes de me conseruer en l'honneur de voz bonnes graces, et cependant, auec vostre permission je baiseray (auec tout humble respect)
les mains de Monsieur de Valauez[1], de Madame[2], et de Monsieur le
Baron[3] desquelz je desire dependre le reste de mes jours, comme de
voz commandementz en qualité de

(Monsieur)   Votre tres humble, tres obéissant et tres
obligé seruiteur,

RABBY SALOMON AZUBI.

De Carpentras, ce 17 décembre 1632.

J'oseray encore importuner V° Seig^rie pour les *cartes de la terre de
promission* imprimées en Astradam qu'elle me promist[4].

II

Monsieur,

Je ne puis par la presente expliquer l'honneur et le contentement
que j'ay receu en vostre lettre, eu esgard à mon peu de mérite, et a
l'estat qu'il vous plaist faire de vostre indigne seruiteur; ce que m'a
faict encores d'aultant plus dilligent, et penible, à donner satisfaction
a vostre desir par l'estude et recherche des libures que m'auez

n'est qu'il était Espagnol. Je reproduis ce que dit le *Siphthè Yeschènim* du sujet du
livre et de ses éditions :

ביאור דרכי סוגיות וכללים מהגמרה (שלא נמצאו בספר הליכות עולם
ובספר כריתות) ערד עם לוח ומפתח בסופו. דפוס אנדר נאפל ט"יד in-4°
(1554) מנטרבה סמ'חה (1593) in-4°

Wolff résume cela en disant : « Complectitur regulas et observationes genereles ad
» rectius intelligendum Gemarœ stylum facientes... » et en citant les deux éditions,
celle d'Andrinople 1554, et celle de Mantoue 1593, il constate que cette dernière a
44 pages et fut publiée « Cum licentia superiorum. »   J. D.

[1] Palamède de Fabri, le frère cadet de Peiresc. Je n'en dis rien de plus, ayant déjà
parlé de lui dans plusieurs fascicules des *Correspondants de Peiresc* et devant surtout
longuement m'occuper de lui dans un fascicule spécial.

[2] C'était Marquise de Tulles, fille d'Olivier de Tulles et de Catherine de Caradet.
Il est question d'elle dans les *Lettres de César Nostradamus* et dans les *Lettres de
Balthazar de Vias.*

[3] Claude de Fabri, fils de M. de Valavez, ne fut digne ni de son père, ni de son
oncle, et j'ai dû le traiter fort sévèrement dans une note des *Documents inédits sur
Gassendi* (1877, p. 18).

[4] Bibliothèque nationale, fonds français, volume 9540, f° 122.

mandé auec la susd., y ayant trauaillé continuellement despuis l'arriuée de vostre laquay jusques aujourdhuy pour ne laisser rien de remarquable ausd. volumes que je ne le vous puisse manifester, comme vous plairra voir aux cartes cy joinctes, que je vous mande auec la prnte (présente) ; car pour le *Pentatheuque Arabic* ayant remarqué toutz les rubriques[1] qui y sont *en lettre Samaritaine* en ay dressé des tables que remonstrent chasque rubrique en quelz chapitres et versetz se peuuent treuver du Pentatheuque hebrieu, ensemble les rubriques qui sont differentz de l'hebrieu en quelzques motz, et aussy toutz les rubriques qui ne se treuuent pas dans le Pentatheuque hebrieu. Je n'ay osé marquer au marge du libure droict des rubriques les versetz et chapitres sans vostre permission, si bien seroit esté plus facile à la recherche. Le petit volume ayant leu le contenu en toutz les escriptz samaritains[2] je n'y ai treuué que deux parties, l'une desquelles traicte comme il y a vn lieu expres et esleu pour les *sacrifices* et en icelluy narre la *généalogie de Mahommet* commenceant despuis Seth jusques aud. Mahommet. A la seconde partie rapporte plusieurs passages et preceptes de la S^{te} escripture, et versetz touchant lesd. passages, duquel j'ay marqué auec de petitz billetz attachez au marge de chasque fueilhe les intitulations[3] des passages contenus à lad. seconde partie, comme vous plairra voir. J'eusse bien désiré que led. libure feust été de Josué ou des Croniques pour vous donner ce contentement, mais je n'y ai rien treuué de cela. Le dixseptiesme du mois passé, je vous auois escript par la voye d'Auignon adressant mes lettres à Monsieur de Montdeuergues, et je vous mandai par le mesme la responce des memoyres que j'avois aporté de vostre part, m'asseure les aurez receues. Je vous renuoye par le pnt porteur voz deux libures ensemble *les trois libures* que je vous marqua par la susd. de Monsr de Montdeuergues qui sont *le libure de la traduction (sic) de la loy despuis Moyse jusques a l'autheur dud. libure, Othiod Rabby Achiua* qui sont moralités *sur les* vingt-deux *lettres de l'Alphabeth* et *le Seerith Hiossef,* qu'est *une regle pour l'intelligence du Talmud et narre les noms des Rabins dud. Talmud, et en quel siecle vivoient chascun d'eux.* Toutz mes desirs (Monsieur) ne sont qu'a rechercher quelque nouueau libure ou chose rare et curieuse pour vous en faire part et employer mon estude pour vous donner quelque contentement; *les Tables Astronomiques on y travaille,* droict

---

[1] Bien que mis ici au masculin, le mot *rubrique* a toujours été féminin, même au xve, au xive et au xiiie siècles, d'après des exemples réunis par Littré dans son *Dictionnaire de la langue française.*

[2] Ce « petit volume » doit être à la Bibliothèque nationale, parmi ceux provenant de Peiresc qui sont décrits au nouveau *Catalogue des manuscrits hébreux,* etc., sous les n°s 1, 5, 8, 9, 10 et 11 du fonds samaritain. Mais quant au « Pentatheuque Arabic, » il n'en est sans doute pas de même : Azubi veut probablement parler de celui qui fait partie du ms. connu sous le nom de Tritaple de Peiresc, et qui fut légué par celui-ci au cardinal Barberini, comme le rappelle, au même endroit, le susdit catalogue.   J. D.

[3] *Intitulation,* qui a l'air d'être un mot si barbare, a été employé par Bossuet.

que[1] seront finies je les vous manderay, puisque je ne desire que de vous seruir de tout mon cœur. Je vous supplie m'honnorer de la faueur de voz commandementz et estre asseuré que je les cheris plus que chose du monde. Ce sera auec vostre permission que je baise tres humblement les mains à Monsieur de Valavez, et à Monsieur le Baron et Madame[2] desquelz je suis treshumble seruiteur ne regrettant rien plus que le temps qui se passe sans vous rendre seruice puisque je veis et veux viure jusque a la fin soubz ceste honneur.

    (Monsieur)   Vre tres humble et tres obeissant et tres
                         obligé fidelle seruiteur,

                            RABBY SALOMON AZUBY.

De Carpentras, ce 3 januier 1633.

Je m'asseure cependant qu'il vous plairra auoir memoire des *Tables de la Terre Saincte* imprimées en Amstardam[3].

III

Monsieur,

Je receuz la vostre en datte du sixiesme du courant par la voye et mains de Monsr de Montdeuergues faict desia quelques jours, et la cause pourquoy j'ay tant tardé de vous respondre ça este pour attendre que la *transcription des Tables astronomiques* feust acheuée pour vous les enuoyer car par disgrace le copiste se treuva empesche pour d'affaires en Auignon et cela le feist tarder a acheuer la besoigne a mon grand regret, ce que voyant suis esté constrainct employer *un de mes amis qui auoit vne semblable table qui m'en donna la moitié pour joingdre à l'aultre moitié* que led. copiste m'a laissé auec promesse que luy ay faict que estant venu led. copiste le luy fairay coppier pour acomplir la sienne. Je vous les mande par le prnt porteur vous suppliant les prendre de bon cœur et m'excuser si j'ay tant dilayé, ne se prenant a moy, qui ne desire rien tant au monde que de vous servir. Or sur la *Table des versetz qui ne se treurent point dans la bible hebraique* vous ayant donné difficultés pour ne marquer que les chapitres et non les versetz, la cause a esté d'aultant que en la bible Arabique ne marque pas toutz les versetz en samaritain, et en treuuant quelqu'un qui n'estoit point en la bible

---

[1] Pour *dès que*. Cette expression ne me semble pas avoir été recueillie par les lexicographes.

[2] Le baron de Rians s'était marié, en 1631, avec Marguerite d'Arlics, du Comté-Venaissin, fille de Jacques d'Arlics, seigneur de Rousset, et d'Isabeau de Simiane. On trouve le nom des d'Arlics quelquefois écrit des Alries.

[3] *Ibidem*, f° 123.

hebraique je ne pouvois sçauoir en quelz versetz c'estoit, mais pour vous satisfaire j'ay prins la peyne de speculer[1] la notte des versetz et parolles que j'avois cotté en ma minute, et ayant bien le tout consideré j'ay descouvert par les discours de la bible hébraique en quelle part peuvent estre adaptés les versetz qui s'y treuvent davantage, et je vous mande vne petite table en laquelle sont les chapitres a costé, et aussy apres quelz versetz de la bible se treuvent les versetz susd., Me treuvant a l'Isle de Venisse[2] les jours passez je treuua en main d'un de mes amis *vne medaille de bronze* en laquelle est d'vne part vne teste ayant des cornes rondes avec une forme de chappe au bord de laquelle proche le col y est escript en lettre hébraique, Mosse, et crois que c'est la figure *de Moyse*. Et de l'aultre part y est escript en lettre hébraique un verset des dix commandementz de la loy et le second d'iceux l'interpretation duquel est, *Tu n'auras point d'aultres dieux deuant moy*. Je le pria de me la prester pour en prendre un exemplaire, lequel j'ay faict faire mais il n'est pas sorty à mon gré si bien comme je desirois, toutesfois je vous le mande tel qu'il est, marry qu'il ne soit plus beau. Il y a en ceste ville un de mes amis qui estant informe de vostre curieux desir a faict recherches en ce pais pour semblables galanteries[3]. Et m'a dist auoir treuvé un qui en a une en laquelle y a d'un costé une *truye et deux enfants* qui la tettent, et alentour y a escript *Rom. Rem*[4]. et de l'aue (autre) costé y a vn nauire ou est escript en grec, *Chronos*. Et vne aultre médaille encore ou y a *deux bœufz attelles à vn arayre* et alentour y a *Alba nova*, de l'autre coste, *un trompette croisé d'vne espée*. Et a l'entour y a *certaines lettres* qu'il dist n'auoir peu lire pour l'usage d'icelles. Il m'a dist que celuy qui les ha les tient fort cheres, toutesfois si vous treuuez bon je tascheray de faire que nous les aurons, et d'aultres encores pour estre aussy un esprit fort curieux et vous peult grandement servir en cela. Je vous supplie si avez recouuré *les cartes de la terre sainte venues de Paris* me faire l'honneur de la communication d'icelles pour accroistre tousiours tant d'obligations que je vous ay, qui me font a contre cœur vous donner tant d'importunes recherches pour vous estre redebvable de tant d'honneurs que vostre courtoisie m'a comblé, et cependant avec vostre permission je baise tràshumblement les mains à Monsieur de Valauez et a Madame aussy, et à Monsieur le Baron, Madame la Baronne desquelz je desire

---

[1] Dans le vieux sens d'observer attentivement; le mot vient de *speculari*, contempler.

[2] C'est-à-dire l'Isle du Comté-Venaissin, aujourd'hui l'Isle-sur-Sorgue, chef-lieu du canton du département de Vaucluse, arrondissement d'Avignon, à 22 kilomètres de cette ville. Voir une récente et intéressante brochure de M. J. de Joannis : *Le Machao de Grégoire de Tours retrouvé, origine et fondation de la ville de l'Isle (Vaucluse)*, Carpentras, Paul Tourrette, 1882, in-8°.

[3] Le mot est pris dans le sens de choses agréables, charmantes.

[4] Il est à peine besoin de dire que c'est l'abréviation de *Romulus Remus*, et qu'Azubi a pris pour une truie la louve de la légende. Peiresc dut sourire de la méprise du « bonhomme ».   J. D.

oboir de tout mon cœur poussé du mesme zelle qui m'oblige de viure et mourir soubz l'honneur de

(Monsieur)   Vre très humble très obéissant et fidelle serviteur.

SELOMO AZUBI.

De Carpentras, ce 9 mars 1633[1].

IV

Monsieur,

Ayant receu la vostre du 25 Aoust je feis dilligence de mander au sieur vicaire de Masan[2] pour sçauoir au vray les particularités du coup de tonnerre, y estant luy present, lequel m'envoya le discours cy-inclus, scauoir l'originel signé et escript de sa main duquel je vous mande l'extraict du mot à mot[3]. Je ne sçay (Monsieur) comme me pourray acquister de tant d'honneur de faveur que vous plaist continuer en mon endroict mesmes touchant l'affaire de St Canat[4], ayant aprins par la vostre la bonne justice qu'a pleu à vostre integrité rendre a son treshumble serviteur, La suppliant tres humblement

---

[1] Le folio 125 est un petit feuillet supplémentaire contenant ceci : Table des versetz escripts en lad. Bible en lettre samaritaine qui ne sont point en la Bible hebraique :

	Chapitres.	Versetz.		Chapitres.	Versetz.
GENÈSE...	31	42	NOMBRES.	10	11
EXODE.	7	16		12	15
	7	26		13	30
	8	16		20	13
	9	1		20	21
	9	13		21	12
	11	3		21	14
	18	23		21	21
	20	17		21	24
	20	19		31	20
	26	35	DEUTÉRONOME.	2	7
				5	33

Fault notter que toutz les versetz qui ne se treuuent point a la bible hebraique fault qu'ilz viennent apres les versetz cy contre escriptz.

[2] Mazan est une commune du département de Vaucluse, arrondissement et canton de Carpentras, à 7 kilomètres de cette ville.

[3] Voir ce discours à l'*Appendice*, sous le n° II. J'en dois communication à M. G. Barrès, conservateur de la bibliothèque et musée d'Inguimbert, à Carpentras, érudit aussi laborieux que modeste, dont j'ai déjà souvent loué, mais dont je ne louerai jamais assez la parfaite obligeance.

[4] Saint-Cannat est une commune du département des Bouches-du-Rhône, arrondissement d'Aix, canton de Lambesc, à 5 kilomètres de cette dernière ville, à 26 kilomètres d'Aix et à 57 kilomètres de Marseille.

continuant tant d'obligations me fauoriser de la coppie des premier et dernier arrestz ayant produit la coppie du premier comme vous sçauez, et quant à l'argent, je le manderay querir par la premiere commodité que je treuueray[1], regrettant infiniment de ne pouuoir vous obeir pour aller dans une douzaine de jours vous baiser les mains, d'aultant que au cinquiesme du present mois nous entrons à la feste des trompettes[2], et quelques jours apres a la feste de l'expiation, et quelques jours après à la feste des Tabernacles qui sont festes solennelles, où nous sommes obligez nous treuuer ensemble, ce que nous passera presque tout le prnt mois, lequel passé si mon seruice vous est necessaire vous plairra me commander, et ne fauldray vous obeir, du mesme cœur que je vous ai voüé et je desire estre honnore du nom de

(Monsieur)   Vre tres humble et tres obeissant serviteur,

SELOMO AZUBI.

De Carpentras, ce 2 septembre 1633[3].

APPENDICE

I

Lettre d'Azubi à Peiresc sur un tombeau antique[4].

Monsieur, après avoir esté à Velleron[5] et trouvé que personne

---

[1] Le fait de ce procès, soutenu et gagné par un rabbin juif devant le parlement de Provence, est des plus intéressants. Il met à néant l'opinion généralement répandue que, sous Louis XIII, les Israélites étant à peine tolérés dans les Etats du roi de France, il leur était, à plus forte raison, interdit de plaider devant ses cours de justice. J'ai tenu à consulter à ce sujet un éminent magistrat, qui est en même temps un de nos historiens nationaux, M. le Président Bédarride. Il a bien voulu me répondre que, précisément, le passage annoté ici que je lui avais communiqué semble bien prouver que les Juifs, qui exerçaient un commerce important en Provence, pouvaient, même sans jouir des droits civils, ester en justice devant le Parlement.   J. D.

[2] On voit que le Rosch Haschana tombait cette année-là de fort bonne heure, ce qui arrive assez rarement, si je ne me trompe. Pour affirmer l'exactitude entière de la remarque de M. Tamizey de Larroque qui vient ci-après, j'ai prié M. Isidore Loeb de bien vouloir faire une recherche dans les documents qu'il réunit pour son grand travail de la concordance des calendriers hébraïque et civil : il a vérifié que le 1er tisri 5394 correspond bien au 5 septembre 1633.   J. D.

[3] L. S., *ibid.*, f° 121. Cette lettre qui, par sa date, aurait dû être la dernière des quatre dans le volume 9540, a été, au contraire, placée par mégarde la première. J'en avertis, parce que quelques lecteurs, trompés par le rang qui lui a été indûment assigné, pourraient se demander si la véritable date n'est pas 1623 et non 1633.

[4] Extrait du *Bulletin historique, archéologique et artistique de Vaucluse et des départements limitrophes*, Avignon, livraison de juin 1881, p. 247-249.

[5] Commune du canton de Pernes, à 6 kilomètres de cette ville, à 12 kilomètres de

n'estoit dans la maison où se trouvoit le tombeau que vous a pleu me commander visiter, enfin, fait trois jours que j'y suis retourné, là où j'ay veu ledict tombeau fait d'une pierre d'environ trois pans de longueur, et deux et demi de large, creux en forme de caisse, et d'un pan et demi de profondeur avec son couvert de la mesme pierre et mesme grandeur de trois quart de pans d'épaisseur. J'ay visité touts les coins dudict tombeau tant dehors que dedans, et n'y ay veu aucune marque d'escriture ni aussi au couvert, fors au-dessus de iceluy semble y avoir quelque marque de lettre environ quatre ou cinq qui ne paroissent presque point, mais il me sembloit en considérant bien ces traces qu'elles avoient la marque ou figure d'un N. A. D. T. L. Toutefois je ne puis croire que ce soient lettres d'autant que ne sont pas profondes, et les ayant voulu imprimer avec de la cire ne peut marquer ni se connoistre aucun caractère. Et lors, interrogeant touts les paisans, je tachois d'avoir nouvelles des monoyes qui estoient dans ledict tombeau, s'il s'en pourroit trouver quelqu'un, mais ça esté en vain, car on dit que les commissaires qui furent lors sur le lieu les partagerent ensemble. Est vray que quelqu'un me dit qu'un des principaux paisans dudict lieu en avoit encore un, et pour n'estre pas alors audict lieu, je ne luy ay peu parler pour voir si cela estoit vray, mais Mad^e de Breuil [1] m'a promis qu'en venant elle y prendra peine de le recouvrer s'il l'a encore. Et cependant que je regardois ce tombeau, plusieurs paisans s'assemblèrent pour s'informer de ma curiosité, entre lesquels se trouva une femme qui me dit que son mari estoit en la compagnie de ceux qui trouvèrent ledict tombeau et que au bord de la terre où ledit tombeau se trouva, en faisant un fossé et trouva une urne de terre rouge couverte d'une platine de cuivre et ne s'en prenant garde, luy donna un coup et la rompit, estant ladicte urne presque pleine de cendre, et y avoit aussi dedans certains petits ossements et sept ou huit petites phioles de verre, desquelles elle en retira deux pleines de cendre et à l'entour de ladite urne y avoit quelque ecuelles de

Carpentras. Voir sur Velleron le *Dictionnaire des communes du département de Vaucluse*, par M. Jules COURTET, édition de 1877, Avignon, Seguin, in-8°, p. 376-377. Si l'on vient à donner une autre édition de ce recueil, auquel j'ai eu seulement à reprocher, dans la *Revue critique* du 19 mai 1877 (p. 323-326), quelques étymologies de fantaisie empruntées à cette langue celtique qui a fait déraisonner tant de braves gens, on pourra mentionner, à l'article *Velleron*, les renseignements fournis par la présente lettre.

[1] J'ai inutilement demandé quelle était cette dame de Breuil à divers recueils généalogiques, notamment à l'*Histoire de la noblesse du Comté-Venaissin* de Pithon-Curt (Paris, 1743-1750, quatre volumes in-4°). J'ai même interrogé en vain, sur ce point, un homme qui, dans un remarquable travail inédit, a complété et rectifié l'ouvrage classique de Pithon-Curt, et qui connaît mieux que personne l'histoire ancienne et moderne de cette noblesse du Comtat dans laquelle sa famille tient un rang si élevé : je veux parler de M. le marquis Edmond de Seguins-Vassieux, qui m'honore de son amitié et qui me permettra de lui reprocher ici (c'est le seul reproche que j'aurai jamais à lui faire) de fuir la lumière de la publicité avec tout le soin que tant d'autres mettent à la rechercher.

terre rouge et une assiete, lesquelles furent rompues par ses enfans après s'en être servis longtemps, ce qu'elle regretta pour estre des choses fort belles et que neantmoins elle avoit encore lesdites deux phioles de verre. Je la priay de me les porter pour les voir, ce qu'elle fit. L'une estoit encore comme pleine de cendres et l'autre, vuide que les enfants l'avoient vuidée. Elles estoient fort petites ayant le col long d'un demi-pan et l'autre un peu plus haut, le col de la grosseur du petit doigt et le corps pas plus gros qu'une amende plate au-dessous. Je la priai m'en vendre une, ce qu'elle reffusa disant que cela estoit sa bonne fortune, ce que voyant, je me suis servi de l'autorité de ladite dame de Breuil qui estoit audict Velleron, laquelle mandant querir ladite femme avec lesdictes deux phioles se les fit donner, et après, elle m'en fit un présent, lesquelles je n'ay voulu mander par ce porteur qui les eusse pu rompre, attendant moy mesme vous les porter, car j'espère, dans quelques jours, partir de ce païs avec toute ma famille, et, estant à Marseille, j'auray l'honneur de vous baiser les mains, et recevoir vos commandements avec vostre congé.

Le présent porteur est le trompette public de ceste ville qui s'en va pour un procès qu'il a à vostre cour, et m'a prié vous supplier l'avoir en recommandation [1], ce que, je m'asseure, vostre bonté ne luy desniera ses faveurs pour amour de vostre serviteur. Et puisque la commodité du présent porteur est assurée, je vous supplie me faire la faveur de me faire obtenir une lettre de recommandation ou de protection de la cour ou de Monsieur le président pour empescher que passant par la Provence on ne me fasse du déplaisir à moy et à ma famille et aultre qui seroit en ma compagnie, soubs prétexte de passage des espousées [2], ma fille estant ja grandes ou autre pretexte qu'on pourroit prendre et ce seroit toujours augmenter le nombre des obligations que je vous ay.

Je n'ay jamais sceu ni peu trouver la commodité certaine de vous mander les concordances [3] pour les faire relier, mais moy mesme en

---

[1] Ceci prouve que notre pasteur servait parfois à d'autres encore qu'à ses ouailles, de conseil et d'intercesseur.   J. D.

[2] Qu'était ce « passage des épousées » qu'Azubi redoute pour sa fille ? M. Tamizey de Larroque a soumis cette question à son ami, le grand barde philologue et archéologue provençal. M. Mistral ne connaît point, sous la dénomination employée ici, d'usage antique du pays, et il ne voit, comme pouvant s'y rapporter, que le « droit de pelote » (*dre de peloto*). C'était une coutume suivant laquelle, on échange d'une pelote offerte à la mariée, actuelle ou future, les jeunes gens du pays — à Aix, le Prince d'Amour et l'Abbé de la Jeunesse — exigeaient des étrennes dans certains cas, celui, entre autres, où une jeune fille allait se marier hors de la Provence. D'après cette explication, que l'illustre Félibre lui-même ne paraît pas présenter comme décisive, les appréhensions du rabbin ne venaient que de ce que les étrennes d'usage à donner à la jeunesse eussent été pour lui un trop lourd sacrifice pécuniaire.   J. D.

[3] Si ce sont bien les Concordances hébraïques de la Bible, ce ne peut guère être que les seules, sans traduction latine, qui existaient alors, le *Meïr Nethîb*, auquel

seroit le porteur, et continuant de confier à ses faveurs; je vous envoye une petite Bible pour la faire relier en huit petits volumes [1] de telle couleur que bon vous semblera. J'ay regret, Monsieur, ne pouvoir assès dignement m'aquiter de mon devoir, mais à toute occasion votre bonté m'obligera de plus en plus de se servir encore plus librement de tout ce qui dépend de, Monsieur, vostre, etc.

SELOMO AZUBI.

De Carpentras, ce 5 juin 1635 [2].

II

Document inédit relatif au coup de foudre du 15 août 1633 [3].

Sommaire narré des effects effroyables que la foudre feist dans l'église de Mazan, diocèse de Carpentras, le 15e aoust 1633, jour de l'Assumption de la glorieuse Vierge.

Entre quatre et cinq heures du soir, après le *Magnificat* des Vespres, le Rd P. Sauveur, observantin Recollet d'Aix, de la famille de Mazan, preschant le jour de l'Assomption, en l'églize parrochelle dudit lieu ces parolles, *assumpta est Maria in cælum*, estant sur l'entrée qu'elle faisoit dans le ciel, remonstrant les embrassements et caresses que son fils bien aymé, Jésus-Christ, lui faisoit, ravi sur les eytases et ravissements des esprits célestes, son discours estant sur ces parolles, *quæ est ista quæ ascendit*, le foudre du ciel après quelques tonnerres descendit, et donnant sur le clocher de lade églize

Rabbi Isaac Nathan travailla de 1438 à 1445, et qui fut successivement imprimé à Venise en 1524 et en 1564, et à Bâle en 1581, in-folio. V. *Bibl. hebr.*, I, 680-682.
J. D.

[1] Cette Bible était-elle imprimée, ou bien manuscrite, et, dans le premier cas, de quelle édition était-elle ? Voilà ce qu'il est impossible de déterminer. Mais les savants qui ont suivi les vicissitudes des livres de la bibliothèque de Peiresc depuis sa dispersion pourraient peut-être nous mettre sur la voie.   J. D.

[2] L. S. originale, Bibliothèque d'Inguimbert, à Carpentras, registre XLI, second volume, folio 423. Bibliothèque Méjanes, à Aix. Correspondance de Peiresc, vol. I, folio 86 sur la copie. M. Lambert a donné une analyse de la lettre d'Azubi dans son inappréciable *Catalogue des manuscrits de la bibliothèque de Carpentras*, tome II, pages 239-240.

[3] Le terrible coup de foudre de Mazan méritait d'être mentionné dans la curieuse notice d'Arago sur le *tonnerre*. Gabriel Peignot n'a rien cité de plus frappant dans son opuscule : *Essai chronologique sur les hivers les plus rigoureux... suivi de quelques recherches sur les effets les plus singuliers de la foudre depuis 1676 jusqu'en 1821* (Dijon, 1821, in-8°). Puisque nous en sommes aux singularités électriques, je renverrai mon lecteur à la description que fait le poète Du Bartas (*La sepmaine*, second jour) des « merveilleux effets et efforts de la foudre » et surtout aux quatre derniers vers de cette description, et comme ces quatre vers ne seraient pas facilement compris, je renverrai encore mon lecteur, mon *patient* lecteur, à une note de la *Revue de Gascogne*, de juin 1882 (tome XXIII, page 292), note intitulée : *Explication d'un passage obscur de Du Bartas.*

4

faict en piramide, rompit deux degrés de ceulx qui servent pour monter au feste (*sic*) ou cime de ladite piramide, briza quelques pierres dudit clocher et en tira une ung peu dehors.

A l'horrologe qui est audit clocher, rompit l'érain, la porte par laquelle on entre audit horrologe, à une petite porte de la chapelle appelée de Bagnols, tua une femme appelée Anthonette Bagnolle, femme de Claude Borrelli ; le foutdre roulant par icelle chapelle brusla les habits de plusieurs personnes, sans les offencer grandement ; à la chaire, où preschoit le R. P. Sauveur feist deux petits trous l'ung a cousté droict, l'aultre à gauche, print ledit père despuis la plante du pied gauche, suivist tout de long, luy entra a deffault des costes et sortit par la teste y ayant faict troup comme d'un pois chiche, le tomba mort, brûla son capuchon et le rompit en pièces, son compagnon n'eust point de mal.

Autour de la chaire brusla l'estomach de damoiselle Louise de Boveille (?), deschira tout le corps de sa robe sans brusleure.

A l'autel de Sainte-Anne qui est joignant la chaire, noircit ung peu d'un pignoir, deschira une nape qui estoit sur l'autel, sans brusleure, brusla le soulier et le bas. de chausse de damoiselle Isabeau Corrade, femme du sieur Jacques Ligier, sans luy offenser la chair, luy osta sa fille Françon, aagée de six ans et la porta sur l'autel de Sainte-Anne sans aucun mal.

Ledit foutdre passa par ung trou, au coing du ciel de la chaire, feist ung trou à une tribune qui est au-dessus de ladite chaire, rompit une grosse pierre de la corniche de l'églize qui tua madamoyselle Françon de Causans et feist sortir la moitié des cervelles d'une sienne petite niepce aagée de sept à huit ans.

Au-dessus de la tribune, tua ung jeune homme de dix-huit à vingt ans, appelé Alexandre de Cohorne sans qu'on aye cogneu aulcune meurtrisseure en luy, renversa touts ceulx qui estoient près de luy fors ung auquel j'heus loisïr de donner l'extrême-onction et audit de Cohorne qui souffloit encore.

Au chœur de l'église, où nous chantons, renversa touts ceulx qui y estoient sans les offencer excepté Monsieur Anthoine Sauveon, prebtre, lequel fut ung peu blessé à la cuisse droicte, d'où il a cloché et senti quelque douleur durant quelques jours.

A Laurens Baile qui estoit appuyé sur l'autel de la chapelle des Bagnols, osta les heures mains, luy laissa les bras touts engourdis et commence seulement à les remuer. Il coupa le talon à ung jeune homme appelé Pierre Crescheux.

Quand le foutdre tomba, laissa une grande fumée par toute l'églize. Tout le monde estoit en effroy, on n'entendoit que cris de miséricorde. Incontinent je mis le Saint-Sacrement en évidence, Nous chantâmes le *Pange lingua*, je donnai la bénédiction avec le Saint-Sacrement, et miraculeusement la fumée cessa. Cela faict, chacun se retira dans sa maison, bien effrayé. Les pauvres morts furent aussi portés dans leurs maisons, et le lendemain ensevelis.

MOTTA, vicaire de Mazan.

Extraict, des actes de la chancellerie de l'évesché de Carpentras, par moy notre et sectre soubs, deue collaôn faict.

F. FERMIN, secrétaire [2].

[1] Bibliothèque d'Inguimbert, à Carpentras, collection Peiresc, registre LIII, fo 222. On trouve, au fo 223, une lettre qui complète le récit que l'on vient de lire. La voici :

« Mon Reverend Pere, les larmes aux yeux je vous fais scavoir la mort du Pere Sauveur Icard : je ne scay si je la dois appeler funeste ou glorieuse, funeste puisque ce feust par un coup de tonnerre, mais glorieuse puisque ce feust le jour de l'assomption de la glorieuse Vierge, preschant actuellement ses louanges apres vespres, apres les quatre heures, estant sur ces paroles sur la fin de son sermon : *exaltata est*. Il cria apres le coup : O mon Dieu, o Vierge sainte, ayez pitié de nous ! Mademoiselle Francon de Causans en est morte, sa niepce la petite Jehanne, le fils de la veuve de Corno (*sic*) et aultres que je ne scay encores, avec une vingtaine de blessés. Je n'ay ni esprit ni respit. Je ne puis dire sinon que *justitia tui abyssus multa* et que *punitur justus pro injustis* et vous conjure de tout mon cœur de faire prier Dieu pour luy, quoyque je l'estime bien heureux, je vous en conjure encore un coup.

» Vostre tres humble et obéissant frere,

» F. CASSIAN, recol. »

Mazan, le 16 aoust 1633.

Adresse : Au Reverend Pere ven. Pere de Salsis, vicaire des P. recol. à Avignon.

ERRATA

Page 44, ligne 20, au lieu de *poème* il faut *proème*.

Page 45, note 4, ligne 2, après *verra* il faut une virgule.

Page 20, ligne 4, reporter la virgule qui est après le mot *avoir* à la suite du mot suivant *eu*.

Ibid., ligne 5, après le mot *Aix*, supprimer la virgule.

Ibid., ligne 8, changer le numéro de rappel qui n'est pas, 2, mais bien 4.

Ibid., note, ligne 8, *faire la* est une interversion : il faut *la faire*.

Page 22, ligne 2 de la note 4, au lieu de *Minucci* il faut *Minuti*.

VERSAILLES, IMPRIMERIE CERF ET FILS, RUE DUPLESSIS, 59.

www.ingramcontent.com/pod-product-compliance
Lightning Source LLC
LaVergne TN
LVHW010327030726
842520LV00004B/1303